JOGOS NAS AULAS DE PORTUGUÊS

Dados Internacionais de Catalogação na Publicação (CIP)
(Câmara Brasileira do Livro, SP, Brasil)

Almeida, Rita de Cássia Santos
Jogos nas aulas de Português : linguagem, gramática e leitura I / Rita de Cássia Santos Almeida. – 4. ed. – Petrópolis, RJ : Vozes, 2013.

ISBN 978-85-326-1658-6

1. Jogos educativos 2. Português (Ensino Fundamental) 3. Português – Estudo e ensino 4. Prática de ensino 5. Sala de aula – Direção I. Título.

10-07122   CDD-372.6

Índices para catálogo sistemático:
1. Jogos nas aulas de Português : Ensino Fundamental   372.6

Rita de Cássia Santos Almeida

JOGOS NAS AULAS DE PORTUGUÊS

Linguagem, gramática e leitura

2ª Reimpressão

EDITORA VOZES

Petrópolis

© 2010, Editora Vozes Ltda.
Rua Frei Luís, 100
25689-900 Petrópolis, RJ
www.vozes.com.br
Brasil

Todos os direitos reservados. Nenhuma parte desta obra poderá ser reproduzida ou transmitida por qualquer forma e/ou quaisquer meios (eletrônico ou mecânico, incluindo fotocópia e gravação) ou arquivada em qualquer sistema ou banco de dados sem permissão escrita da editora.

Diretor editorial
Frei Antônio Moser

Editores
Aline dos Santos Carneiro
José Maria da Silva
Lídio Peretti
Marilac Loraine Oleniki

Secretário executivo
João Batista Kreuch

Editoração: Elaine Mayworm
Diagramação: Lara Kuebler
Capa: Aquarella Comunicação Integrada

ISBN 978-85-326-1658-6

Editado conforme o novo acordo ortográfico.

Este livro foi composto e impresso pela Editora Vozes Ltda.

A palavra é cheia de pacotes. Desembrulhe-os, um a um, e descubra o mundo! E faça deste mundo seu próprio mundo na comunicação oral ou escrita com as pessoas.

Dedicatória

Para Hélio, meu marido, meus três filhos: Hérica, Ana Carolina (casada com Anderson) e Marcelo, e meus três netos: Sávio, Sarah e Enzo.

Sumário

Prefácio à 4ª edição, 9
1 Classificação do número de sílabas, 11
2 Classificação da tonicidade das sílabas, 13
3 Encontros vocálicos e/ou consonantais, 15
4 A cara das palavras, 17
5 Brincando com as palavras, 19
6 Desenhando palavras, 25
7 Criando sentidos, 27
8 Homônimos e parônimos, 29
9 Jogo da persuasão, 33
10 Atenção às incoerências, 35
11 Jogo da leitura, 37
12 *Stop* – Substantivos, 43
13 Artigos, 45
14 Adjetivo num contexto ilustrativo, 49
15 Adjetivo num texto escrito, 51
16 Bingo – Classes gramaticais, 55
17 Brincando com verbos, 59
18 Colocando os numerais em prática, 63
19 Elaboração de frases – Concordância nominal, 71
20 Morfossintaxe, 73
21 Período composto por coordenação, 77
22 Bingo – Dominó, 83
23 Figuras de linguagem, 87
24 Dominó – Figuras de sintaxe, 91

25 Tipos de predicado, 95
26 Gincana do período composto, 101
27 Bingo dos pronomes, 107
28 Charadas narrativas, 109
29 Brincando com a descrição, 113
30 Onde há causa... há consequência, 117
31 Acertando as incoerências, 119
32 Partindo das palavras, 121
33 Cartas-surpresa, 123
34 "Estique", 125
35 Texto poético, 127
36 Classificados, 129
37 Personagem e ação, 131
38 Textos instrucionais, 133
39 Tecendo o texto, 135
40 Desconstruindo uma narrativa, 137

Prefácio à 4ª edição

Todo professor gostaria que seus alunos estivessem atentos durante as aulas, às suas explicações, sem dúvida!! Pois é, isso pode ser possível, se essa aula for dinâmica. Uma forma diferente e que dá resultado é trabalhar com atividades que exijam participação efetiva do aluno. Foi a partir dessa reflexão que comecei a criar jogos para usá-los nas aulas de Português.

O aluno é o principal sujeito de relações na sala de aula e precisa "*inter-agir*", e só haverá espaço para isso, se realmente puder entrar em atividade, atuar. É necessário também que os professores estejam envolvidos e demonstrem espontaneidade e criatividade, pois permitindo que os alunos sejam interativos, é possível se falar em possibilidades de aquisição de conhecimento por meio de relações. Nesse caso, valorizam-se todas as participações e estimulam-se novas formas de ver determinadas situações – no próprio processo – que possibilitam novas (re)organizações dos saberes, e um repensar das atitudes.

Nessa circunstância, entra de fato o jogo: relacional, pessoal, conceitual, didático etc. Enfim, é o momento e o espaço em que os *jogadores* terão para se entregar à disputa, usando seus opostos emocionais: momentos de êxtase e de frustração.

Na verdade, o jogo é muito mais uma atividade voltada ao prazer, pois permite ao jogador, evadir-se da realidade, uma vez que este se envolve no mundo imaginário, a princípio simbioticamente relacionado ao outro, pois de ambos os lados (jogador e adversário) entram em igualdade: colocam em ação sua capacidade mental e fatores externos; ou seja, o clima do momento.

Não que isso vá torná-lo alheio às expectativas, pois para se propor um jogo em sala de aula é necessário que se coloquem as regras. E isso cabe ao professor, que estará no comando, com seus objetivos claros, em busca de resultados.

O fato de investir em aulas mais dinâmicas é porque a sala de aula é o espaço onde se *respiram* relações sociais e aprendizagem, é o local em que toda ação a ser implantada é incerta, duvidosa e o professor estará junto para ensinar, acudir e suprir as possíveis lacunas. Além disso, o jogo, por ser um evento social, com regras (internas ou externas), embora aparentemente "não sério", é o que levará o aluno a pensar, pois sua vitória dependerá de suas iniciativas – apesar de depender também da motivação dos indivíduos e dos estímulos externos, do momento.

Num jogo, quanto mais tensão, mais o jogador quer ganhar, e por conseguinte, mais apaixonante se torna. Para ser vencedor, não basta querer, é preciso se dedicar e se preparar, e neste caso, estudar, pois exige conhecimentos e/ou conceitos específicos, e faz com que o aluno se prepare para vencer.

Além disso, há implícita uma consciência coletiva quanto às normas, haja vista que estabelece, temporariamente, que todos comunguem um padrão, e se quebrá-lo, quebra-se o "encanto", e o jogo se acaba. Ao aceitar o ingresso no *mundo mágico*, o jogador aceita entrar no mundo da ilusão (*inludere* = em jogo) e se houver um desmancha-prazeres, este poderá ser convidado a se retirar do grupo.

Nesse embalo, os grupos se fortalecem, pois a energia emanada cria vínculos, incertezas, espírito lúdico, tensão, enfim, nesse clima estabeleceram-se regras de fuga à realidade (o grupo agora é uno). Há um vestir-se de outro(s) - personagem - seriamente pronto(s) a vencer obstáculos, pois quem joga sempre espera triunfar; ser melhor, e o fato de vencer, coloca o jogador em destaque, *poderoso*.

Dessa maneira, considerando várias experiências com o jogo nas aulas de Português, posso afirmar que a sala – como espaço do jogo e simultaneamente, o lugar *proibido*, isolado – servirá como palco para novas aprendizagens, tanto relacional como de conhecimento, deixando um resultado bastante positivo.

Isso é o que posso garantir! Enfim, apesar de a metodologia aplicada em sala de aula ser de livre e exclusiva escolha do professor, sem a presença do aluno, não há aula. Privilegiou-se, então, neste livro **Jogos nas aulas de Português: Linguagem, gramática e leitura** uma parceria entre ensinar e aprender Português, de forma lúdica no Ensino Fundamental, de modo que o aluno seja o alvo das atenções. Através de jogos, as aulas aproximarão muito mais os professores dos alunos, bem como estes estarão mais prontos e motivados para a aprendizagem do conteúdo.

1

Classificação do número de sílabas

Público-alvo: A partir do 3º ano.

Objetivos:
• Estimular os alunos a entenderem a separação das sílabas com mais clareza.
• Preparar os alunos para melhor compreenderem (mais à frente) a estrutura e formação das palavras.

Material:
• Cartões com palavras que sejam formadas por *uma* a *quatro sílabas*, ou figuras que representem tais nomes.
• Colar vermelho para as meninas; azul para os meninos (de 1 a 4).
• Quatro caixas de sapato encapadas e etiquetadas com números de 1 a 4 (Variante B).
• Fichas com sílabas que formem palavras (Variante C).
• Colares escritos: MONOSSÍLABO, DISSÍLABO, TRISSÍLABO, POLISSÍLABO (Variante D).

Como jogar:
1) Formar um círculo, deixando meninas e meninos misturados, e pedir que vistam o colar enumerado de 1 a 4.
2) Distribuir os cartões com as palavras (virados para baixo, para que ninguém os veja antecipadamente).

Variante A:
Em círculo, com colar e um cartão de nome (ou figura) na mão, as crianças devem caminhar aleatoriamente pela sala. Ao ouvir uma batida de palma, cada uma deve procurar seu par. Ex.: Quem está com a palavra

(ou figura) BOLA deve procurar outra criança que tiver o número dois no colar.

Em seguida, cada par verifica se acertou; lê em voz alta e volta para a roda. Quem acerta, marca ponto.

Ganha o jogo a turma (masculina ou feminina) que fizer maior pontuação.

Variante B:

Providenciar as caixas de sapato e distribuir, aleatoriamente, as palavras. Assim que o professor bater palma, os alunos colocam sua palavra na caixa. Para facilitar a pontuação, neste caso, os cartões devem ser feitos em duas cores.

Variante C:

Entregar até quatro fichas (sílabas) para cada criança. A critério do professor, pode ser mais.

Ao bater palma, quem atender ao pedido do professor, corretamente, marca ponto. Ex.: Montar uma palavra dissílaba.

Variante D:

Em círculo, com colares escritos: MONOSSÍLABO, DISSÍLABO, TRISSÍLABO, POLISSÍLABO e várias sílabas na mão, as crianças devem caminhar aleatoriamente pela sala. Ao ouvir uma batida de palma, cada uma deve procurar seu par. Ex.: Quem formar uma palavra com uma sílaba, deve procurar outra criança que tiver a palavra *monossílabo* no colar.

Em seguida, cada par verifica se acertou; lê em voz alta e volta para a roda. Quem acertar, marca ponto.

2

Classificação da tonicidade das sílabas

Público-alvo: A partir do 3º ano.

Objetivos:
• Estimular os alunos a entenderem a tonicidade das palavras, com mais clareza.
• Preparar os alunos para melhor compreenderem a ortoepia.

Material:
• Preparar três postes, cujas placas de sinalização sejam:

| OXÍTONA | PAROXÍTONA | PROPAROXÍTONA |

• Sílabas que formem palavras.
• Uma bandeja (ou outro suporte) para pôr as sílabas (devem ficar viradas para baixo).
• Um apito (para o professor).

Como jogar:
• Cada um pega quatro sílabas da bandeja. Ao ouvir uma palma, formar a palavra que conseguir e correr para perto de poste correspondente.
• O aluno que não conseguir formar palavra, "paga um castigo" (previamente combinado).
• Após cada um se instalar em seu lugar, deve haver uma correção e comentários sobre os acertos e/ou erros.
• Numa variação, pode-se combinar o seguinte: O professor assopra um apito de modo que este expresse um dos sons silábicos mais forte.
• Ao ouvirem, as crianças devem juntar-se com um amigo e formar uma palavra que seja correspondente ao som que o professor emitiu.

• Para mostrar que entendeu a "melodia" da palavra, a dupla se aproxima do poste indicador da tonicidade da palavra ouvida (e comenta por que escolheu tal lugar).

• Quem acertar, vai marcando ponto.

3

Encontros vocálicos e/ou consonantais

 Público-alvo: A partir do 6º ano.

Objetivos:
• Orientar os alunos para compreenderem os grupos vocálicos e consonantais.
• Preparar os alunos para melhor empregarem as letras cujos sons se confundem (e/i; o/u).
• Praticar uma atividade de reflexão a respeito do emprego dos encontros.

Material:
• Elaborar tabelas (tantas quantos grupos se formarem) que contenham apenas os elementos em destaque (cujo tema pretende trabalhar: encontros vocálicos ou consonantais), como, por exemplo:

	A	E	I	O	U
I	IA	IE	--	IO	IU
U	UA	UE	UI	UO	--

• Preparar várias fichinhas com as letras avulsas (vogais ou consoantes) para as crianças juntarem os pares.
• Fichas com perguntas, *por exemplo*[1]:
   - Por que elaboraram os *pares* apresentados, e em que palavras aparecerão tais encontros?

---
[1] Crie perguntas que exijam reflexão de acordo com sua turma, conteúdo e objetivos.

- Quando separarem as sílabas de palavras que contenham tais encontros, como deverão proceder?
- Ao lerem as tais palavras (ou outras elaboradas antecipadamente), como deverão expressar o som das vogais? O que percebem quando as pronunciam?
- Se usarmos o encontro "ai", por exemplo, no lugar de "ia", o que vai mudar? Por quê?
- Como ficam tais encontros numa separação silábica? Por quê?

Como jogar:

• Entregar as fichas das vogais[2] para os grupos juntarem-nas, formando os grupos vocálicos que julgarem possíveis.

• Pedir que, a um sinal, os grupos completem sua tabela. Dê um tempo para terminarem.

• A professora sorteia uma pergunta, dá um tempo para o grupo responder e os demais ajudarão na correção.

• Pontuar como achar mais interessante.

---

[2] Ou consoantes, caso precise.

A cara das palavras

Público-alvo: Ensino Fundamental I e II.

Objetivos:
- Estimular os alunos a serem criativos.
- Perceber os diferentes sentidos a que as palavras nos induzem.

Material:
- Palavras sugestivas à criatividade.
- Cinco sulfites por aluno ou papel pardo.
- Pincel atômico (ou canetas hidrográficas).

Como jogar:

1) Entregue aos alunos (ou escreva na lousa) uma série de palavras para que as representem conforme o comando dado:

"Você já reparou que certas palavras têm 'cara'? Pois bem!, então as represente da melhor forma possível. Escreva palavras..."

GORDAS	AZUIS
FINAS	ALTAS
VIVAS	COMPRIDAS
CURTAS	MORTAS
ROXAS	ERRADAS

2) Corte as sulfites ao meio e entregue-as aos alunos.

17

3) Peça-lhes que escrevam a respeito de cada palavra em pedaços diferentes de papel.

4) Exponha e discutam o trabalho de todos.

5

Brincando com as palavras

 Público-alvo: 7º e 8º anos.

Objetivos:
- Trabalhar com: associação, relação, ordem.
- Aprender a classificar conforme critérios adotados.
- Criar habilidade para fazer uma sequenciação correta.
- Desenvolver a leitura de códigos.
- Desenvolver a "leitura-figurada"[3].
- Desenvolver o espírito de sociabilidade – o grupo.

Material:
1) Um texto com palavras-figuradas[4] (pode ser criado à vontade). Exemplo:

Férias... Que férias?
Rita de Cássia Santos Almeida

A família estava empolgada com a viagem de férias. Os filhos Teodoro e Belita, ou melhor, Teo e Bela, iriam conhecer a praia, porém os colegas já haviam falado muito do armarinho e de como os paisagem num local como aquele. O primeiro impasse foi se levariam ou não o Bidu:
— Não podemos deixar ele aqui, pai, ele não vai aguentar.
— Tabela! Mas você vai cuidar dele! Entendeu?
Ao chegar, a turma observou que onde ficariam, apresentava um ministério: já na entrada, um barracão. E Bela já se desesperou!
— Fique aqui com Hotel, que vou resolver isso.

---

[3] Leitura-figurada: termo para representar uma forma de ler, cujo sentido está implícito na *formação* da palavra.

[4] Palavra-figurada: objeto da "leitura-figurada".

Desde a recepção, as coisas não iam muito bem. O pai não aceitava o pressuposto, pois no anúncio ele vira que a diária era compatível com seu bolso.

– Cinquenta reais.
– Era muito menos!! Trinta ouvinte!! Coisa assim.
– E os descontos que anunciaram como bônus na diária familiar?

Nesse meio tempo, a menina e o cachorro foram entrando de mansinho e o irmão, para ajudar, foi atrás, mas chegou brigando com a irmã e deu-lhe desdentadas, o que obviamente provocou uma gritaria infame até chegar ao solução.

– Hotel!! Pare com isso!
– Xiita!! Eu não disse pra ficar lá fora??

Nisso, Bidu escapou e indo atrás, a família excitada percebeu que o clima estava mesmo pesado por ali. Unção vinha da escada como se fosse briga:

– Eu já falei pra ela desbotá.
– E você cretino?
– Num sei. Mais é mió que fique quieta qui dentro.
– Por favor, Tino, vamo imbora logo. Se suberem o que nóis temo aqui no quarto, vão quere levá pra elis.

Bidu latia, latia e esfregava o focinho no vão da porta. Algo o provocava.

A recepcionista não conseguia se concentrar, pois também precisou tomar providências.

– A senhora nem mesmo consegue utilização! Falava gritado o pai.

De repente, a hóspede abriu lentamente a porta e pelo vãozinho quis pedir para retirarem o cachorro dali. Não deu tempo. O cão invadiu. Ela, descalça, e Tino concorda na mão. O flagrante estava feito.

Do saco preto, unção esquisito saía e o cachorro não aguentou a curiosidade. Atacou com tudo! A excitada família esqueceu até que estava em férias.

Tina, gritando, xingando, tentava tirar o saco da boca do cachorro, mas Bidu parecia se divertir cada vez mais com a brincadeira.

Chateado, o pai das crianças tentou remediar a situação, oferecendo um valor pelo saco do homem.

– Quanto quer por isso?
– Num vendo não, home. Num tem preço. Edifício acreditá, mais ela é de estimação e num tá à venda.

Vendo que o barulho do saco se acalmou, o homem insistiu na compra. Tino abriu o saco para ver o que havia acontecido, e a "galinha dos ovos de ouro" havia sido estrangulada pelo mimado Bidu.

– Então, agora o senhor aceita um preço? Já morreu mesmo, vou levar pro Bidu.

– Não, home! – falou aos prantos, sentado no chão.

– Por favor, eu tenho que compensá-lo. E além do mais, o Bidu não vai querer ficar sem o jantar.

– Tá bão, home. Hospedou!!

O pai tratou de retirar a família de lá, pois se a polícia chegasse, com certeza iria detergente.

Férias... Que férias?

A família estava empolgada com a viagem de férias. Os filhos Teodoro e Belita, ou melhor, Teo e Bela, iriam conhecer a praia, porém os colegas já haviam falado muito do **armarinho** (*ar marinho*) e de como os **paisagem** (*pais agem*) num local como aquele. O primeiro impasse foi se levariam ou não o Bidu:

– Não podemos deixar ele aqui, pai, ele não vai aguentar.

– **Tabela**! (*Tá, Bela!*) Mas você vai cuidar dele! Entendeu?

Ao chegar, a turma observou que onde ficariam apresentava um **ministério** (*mini histérico*): já na entrada, um **barracão** (*grande "barraco"*). E Bela já se desesperou!

– Fique aqui com **Hotel** (*o Teo!*), que vou resolver isso.

Desde a recepção, as coisas não iam muito bem. O pai não aceitava o **pressuposto** (*preço posto*), pois no anúncio ele vira que a diária era compatível com seu bolso.

– Cinquenta reais.

– Era muito menos!! Trinta **ouvinte**!! (*ou vinte*). Coisa assim.

– E os **descontos** (*dez contos*) que anunciaram como bônus na diária familiar?

Nesse meio-tempo, a menina e o cachorro foram entrando de mansinho e o irmão, para ajudar, foi atrás, mas chegou brigando com a irmã e deu-lhe **desdentadas** (*dez dentadas*), o que obviamente provocou uma gritaria infame até chegar ao **solução** (*enorme soluço*).

– **Hotel!** (Ó, Teo!) Pare com isso!

– **Xiita!!** (*Xi! Ita* = Belita)! Eu não disse pra ficar lá fora??

Nisso Bidu escapou e, indo atrás, a família **excitada** (*já citada*) percebeu que o clima estava mesmo pesado por ali. **Unção** (*Um som*) vinha da escada como se fosse briga:

– Eu já falei pra ela **desbotá** (*desfazer a "botada"*).

– E você **cretino** (*crê, Tino?*)?

– Num sei. Mais é mió que fique quieta qui dentro.

– Por favor, Tino, vamo imbora logo. Se suberem o que nóis temo aqui no quarto, vão quere leva pra elis?

Bidu latia, latia e esfregava o focinho no vão da porta. Algo o provocava.

A recepcionista não conseguia se concentrar, pois também precisou tomar providências.

– A senhora nem mesmo consegue **utilização!** (*utilizar a ação*) Falava gritado o pai.

De repente, a hóspede abriu lentamente a porta e pelo vãozinho quis pedir para retirarem o cachorro dali. Não deu tempo. O cão invadiu. Ela, **descalça** (*sem calças*), e Tino **concorda** (*com a corda*) na mão? O flagrante estava feito.

Do saco preto, **unção** (*um som*) esquisito saía e o cachorro não aguentou a curiosidade. Atacou com tudo! A **excitada** (*já citada*) família esqueceu até que estava em férias.

Tina, gritando, xingando, tentava tirar o saco da boca do cachorro, mas Bidu parecia se divertir cada vez mais com a brincadeira.

Chateado, o pai das crianças tentou remediar a situação, oferecendo um valor pelo saco do homem.

– Quanto quer por isso?

– Num vendo não, home. Num tem preço. **Edifício** (*É difícil*) acreditá, mais ela é de estimação e num tá à venda.

Vendo que o barulho do saco se acalmou, o homem insistiu na compra. Tino abriu o saco para ver o que tinha acontecido, e a "galinha dos ovos de ouro" havia sido estrangulada pelo mimado Bidu.

– Então, agora o senhor aceita um preço? Já morreu mesmo; vou levar pro Bidu.

– Não, home! – falou aos prantos, sentado no chão.

– Por favor, eu tenho que compensá-lo. E além do mais, o Bidu não vai querer ficar sem o jantar.

– Tá bão, home. **Hospedou**!! (*os pé, eu dô!*)

O pai tratou de retirar a família de lá, pois se a polícia chegasse, com certeza iria **detergente** (*deter gente*).

Rita de Cássia Santos Almeida

1. Fichinhas com as palavras-figuradas usadas no texto (um jogo completo para cada grupo).

OUVINTE	ARMARINHO
BARGANHAR	BARRACÃO
CRETINO	DESBOTAR
DESDENTADAS	DETERGENTE
EDIFÍCIO	EFICIÊNCIA
ESFERA	ESPERTO
PAISAGEM	TABELA
UNÇÃO	XIITA
EXCITADA	PRESSUPOR
SOLUÇÃO	HOSPEDOU
MINISTÉRIO	UTILIZAÇÃO

Como jogar:

1) Distribua um joguinho para cada grupo.

2) Pergunte-lhes se são capazes de encontrar "mais de um sentido para cada palavra"; em seguida, peça para formarem frases e ler para a classe. Dê exemplos.

3) Distribua um texto para cada grupo. Peça-lhes para que leiam e comentem a respeito do assunto.

4) Interceda quando perceber necessidade. É importantíssimo que você questione o máximo possível!

5) Se alguma das palavras não foi "decifrada", ajude-os para que entendam melhor a brincadeira contida nas palavras-figuradas.

6) Peça-lhes para criar palavras semelhantes às do texto e, em seguida, escrever outro com elas. Depois de corrigido, reescrevam numa cartolina (ou papel pardo).

7) Faça uma apresentação para a classe.

6

Desenhando palavras

Público-alvo: A partir do 1º ano.

Objetivos:
- Trabalhar com: associação, relação.
- Desenvolver a leitura de códigos.
- Treinar a "leitura-figurada".
- Desenvolver o espírito de sociabilidade – o grupo.

Material:
- Palavras, cujas imagens correspondentes sejam fáceis de representar.
- Sulfites; lápis preto e de cor.

Como jogar:

1) Leia as palavras a seguir, escolha três delas e escreva-as de forma animada, brincalhona (com "carinhas", corações, enfim, variando os símbolos adequados às palavras).

PAISAGEM – FAMÍLIA – SAUDADE – AMOR – FELICIDADE – PÉ-D'ÁGUA – AMIGOS – GUARDA-CHUVA – BRINQUEDO – ESTRADA – BATE-BOCA – GOL DE LETRA

2) Exponha os desenhos para a classe e faça um comentário *saudável* e *brincalhão*.

7

Criando sentidos

 Público-alvo: A partir do 3º ano.

Objetivos:
- Treinar a criatividade.
- Estimular o uso do dicionário.
- Familiarizar-se com termos novos e transformá-los em palavras comuns.
- Romper com o medo e a preocupação do "não entendimento" de certos textos devido às palavras diferentes.

Material:
- Palavras diferentes/pouco usadas pelos alunos (ver Fig. 1).

Importante:

Ao fazer uma leitura – interpretar um texto escrito, falado ou uma imagem –, a palavra está sendo *analisada* pela força que apresenta a partir de elementos como **som**, **contexto**, **formação** e **imagem gráfica** que sugere. Muitas vezes precisamos "escrever" para nos lembrar de "como" se escreve tal palavra!

Como jogar:

1) Apresente aos alunos uma seleção de palavras que escolheu previamente para esta atividade.

2) Peça-lhes que façam o seguinte:

"Escrevam o que lhes vier à cabeça ao ler cada uma das palavras a seguir. Depois comparem suas respostas com as de seu colega. Escolham uma delas e escrevam uma frase com ela."

(Fig. 1)

PERFUNCTÓRIO	ESTAPAFÚRDIO	OSTRACISMO
ÍMPROBO	CONLUIO	XAVECO
AGORAFOBIA	TACANHO	TANDEM

3) Peça aos alunos que leiam suas frases para a classe e observem o contexto em que usaram as palavras desconhecidas.

4) Para encerrar, sugira que procurem as palavras novas no dicionário e verifiquem se as empregaram coerentemente.

8

Homônimos e parônimos

Público-alvo: A partir 6º ano.

Objetivos:
- Conhecer alguns homônimos e/ou parônimos.
- Empregar adequadamente tais palavras.
- A partir da "familiaridade" com os "pares de palavras", incorporá-las em seu vocabulário.

Material:
- Palavras selecionadas e previamente trabalhadas: consultas ao dicionário e formação de frases – apenas oralmente, pois o objetivo único aqui é que se familiarizem com os termos novos.
- Frases elaboradas pelo professor, antecipadamente (Fig. 1).
- Peões para marcar as jogadas.
- Um dado.
- Tabuleiro desenhado no chão (Fig. 2).
- Fichas (*) para demarcar algumas casas na trilha (cf. modelo no tabuleiro).

Como jogar:
1) Um aluno de cada equipe sorteia o dado para dar início à partida.
2) Ao começar, sorteia-se um valor para saber quantas casas irá andar, caso acerte a questão; se errar, não sai do lugar.
3) O aluno sorteia uma frase (cf. sugestões a seguir, Fig. 1), que deverá estar virada para baixo; discute com o grupo e faz seu comentário/resposta.
4) Vence a equipe que chegar primeiro ao final.

(Fig. 1)

• A "calção" deve ser paga ao "locatário" antes de entrar na "moradia"; se não, o "locador" perde tempo.

• O juiz "absolveu" toda a energia dos componentes da mesa, após "soar" o nariz.

• O ascensorista "acendeu" para o 1º andar, mas eu havia explicado bem "aonde" queria chegar!!!

• Eu tinha "chego" cedo à escola para me preparar para a prova.

• Fui à "sela" do meu cliente "afim de" conhecer os detalhes de sua acusação: havia tomado uma atitude "amoral" com a secretária.

• Tenho um aluno com dificuldades; demora muito para engolir o alimento. Ontem na "janta" se "afogou" com um "espinho" de peixe, depois ficou com "pigarra".

• Um chefe pode não "diferir" um requerimento alegando que o empregado "infligiu" as regras da empresa?

• Como foi sua "estadia" no hotel? Eu saí no mesmo dia em que entramos, pois a parede do quarto estava com "reboque" solto e cheirava mal.

• Juju foi "tachada" de "incipiente" porque não sabia responder a diferença entre "estádio" e "estágio".

(Fig. 2)

SAÍDA			(*) Forme uma frase com uma palavra nova.	
		(*) Jogue o dado e avance o número que cair.		(*) Qual a diferença entre "sela" e "cela"?

(*) Forme uma frase com "extático".			(*) Avance duas casas.	
		(*) Castigo: dê um ponto para os grupos!		
(*) Dê dois pontos para o grupo + atrasado.			(*) Receba um ponto de cada grupo.	
		(*) Não fique "espavorido"; mas identifique-se e ganhe um ponto.		(*) Volte três casas.
(*) Você está sendo "ex-piado": Dê dois pontos para todos; ou identifique-se e receba-os.				
	Você passou "desapercebido", por isso, volte duas casas; caso se identifique, avance duas casas.			**CHEGADA**

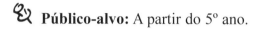

Jogo da persuasão

Público-alvo: A partir do 5º ano.

Objetivos:
- Treinar a linguagem argumentativa-persuasiva.
- Buscar formas de discutir em "bom-tom".
- Saber "ouvir" e "falar" quando for a "vez".
- Contrariar ideias, sem desrespeitar a opinião do outro.
- Treinar formas de persuadir, "explicando, justificando, oferecendo exemplos" etc.

Material:
- Períodos simples (ora afirmativos, ora negativos) elaborados pelo professor, antecipadamente, de modo que provoque continuidade (Fig. 1).

Como jogar:
1) Dividir a classe em dois grandes grupos.

2) Entregar as frases para um representante de cada grupo, na seguinte conformidade:
- Se o grupo **A** receber um período *afirmativo*, o **B** receberá o inverso.
- Na rodada seguinte, faz-se o contrário.

3) Orientá-los para discutir sobre o assunto e preparar bons argumentos.

4) Marcar **um tempo** para que o grupo **A** apresente sua posição e, em seguida, o **mesmo tempo** para o **B** fazer sua apresentação.

5) Para dar continuidade, permita-lhes réplica[5] e/ou tréplica[6].

---

[5] Ato ou efeito de replicar, contestar, refutar. Resposta a uma crítica.

[6] Ato de treplicar; resposta dada a uma réplica.

Variação:

• Se achar conveniente, em vez de trazer os períodos, provoque discussões a respeito de um tema polêmico, uma notícia de jornal etc.

(Fig. 1)

I
A. Gosto de jogar bola no campinho do bairro vizinho... **(porque...)**
B. Não gosto de jogar bola no campinho do bairro vizinho...

II
A. É proibido..., **(pois...)**
B. É permitido...

III
A. Todos podem..., exceto..., **(uma vez que...)**
B. Ninguém pode..., a não ser...

IV
A. Namorar escondido é bom, **(desde que...)**
B. Namorar escondido não é bom...

V
A. A 3ª Guerra Mundial pode ter início logo, pois nota-se que...
B. A 3ª Guerra Mundial pode não começar, pois nota-se que...

Atenção às incoerências

 Público-alvo: A partir do 5º ano.

Objetivos:
• Treinar formas de "sair de uma incoerência" situacional, atendendo uma solicitação.
• Praticar formas criativas de usar a linguagem denotativa em situações "estranhas".
• Treinar o emprego de conjunções adequadas ao contexto proposto.
• Exercitar a atenção.

Material:
• Fichas com períodos simples elaborados pelo professor, antecipadamente, de modo que provoque continuidade com uma palavra "estranha" ao contexto (Fig. 1).
• Um rolo de barbantes.
• Fichas-palavras[7] (Fig. 2).
• Gravador (celular ou um redator).

Como jogar:
1) Fazer um círculo, com os alunos, no centro da classe.
2) Entregar uma ficha-palavra para cada um.
3) Pegar um rolo de barbante e dar início a uma trama, de modo que, ao "rolar" o barbante para um companheiro oposto, este o segure e volte a jogar para outro – também oposto a si. E assim sucessivamente (Fig. 3).
4) Entregue a ficha com o período para o aluno que começou a trama. Este lerá a frase e continuará, acrescentando sua palavra (que se encontra

---

[7] Termo criado por mim para representar as fichinhas em que estarão escritas as palavras do jogo.

na ficha-palavra), de modo coerente e, assim, sucessivamente, até que termine a roda.

5) Se não houver a possibilidade de "gravar" o texto, deve-se nomear um redator para ir tomando nota, pois será de extrema importância a releitura e reorganização do texto, coletivamente.

6) É interessante também que haja um determinado tempo para dar continuidade à história.

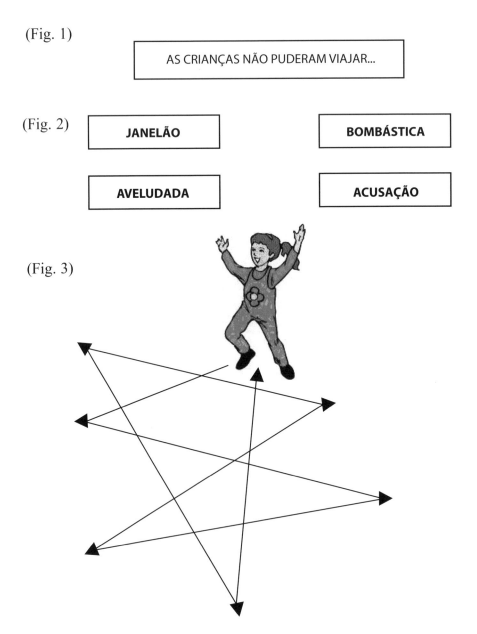

11

Jogo da leitura

Público-alvo: A partir do 4º ano.

Objetivos:
• Estimular a releitura de livros literários.
• Praticar o discurso argumentativo.

Histórico[8]:

As aulas do Jogo da Leitura animaram a meninada. Essa tem sido uma das formas para se fazer a releitura dos livros de literatura juvenil, e a ideia funcionou melhor do que esperava. Desde 1999 vimos jogando bimestralmente, após a leitura feita pelos alunos. Tem sido a melhor maneira de incentivar a **releitura**. A turma aprovou por unanimidade.

Quando demos início a essa atividade, em comum acordo surgiram as regras que deveriam ser cumpridas para que houvesse organização, inclusive dando à professora o papel de *coordenadora*. Sabe-se que, embora seja um jogo, é imprescindível que haja regras!

A turma é que ajudou a verificar o que realmente poderia ser cobrado, afinal de contas, "vale nota[9]"!; quer dizer, o jogo tem sido uma forma divertida de *complementar a leitura*, fazendo a própria *releitura*.

Tradicionalmente faço uma pré-verificação[10] da primeira, valendo nota oito, e como o jogo pode deixar implícito o fator *sorte*, vale dois. Mesmo

---

[8] Esse histórico se faz necessário, uma vez que "O jogo da leitura" foi o que deu início aos nossos trabalhos lúdicos em sala de aula e, a partir disso, as classes ficaram motivadas, pedindo sempre para haver jogos. Foi depois dessa experiência que também me motivei a criar os demais.

[9] O critério de avaliação em nossa escola é com notas de 0 a 10.

[10] Essa "avaliação" não é dispensável, pois é o objeto de trabalho para a **forma escrita** – respostas completas, expressas com coerência e coesão, compatíveis com a boa redação etc.

assim, a preocupação maior *não* é destacar vencedores, mas trabalhar com a leitura *polissêmica* e *implícita* dos textos lidos, bem como o treino da *expressão oral* e da *argumentação*. E mais: desvendar os "segredos de outros" (que estão por trás das palavras), e viajar num mundo novo com histórias para contar, *quando voltar.*

Dessa maneira, mesmo que o grupo não vença, ninguém fica com *zero*. Por exemplo, se há na classe quatro equipes, aquela que atingir mais pontos é a que leva o máximo (no caso, *dois)*, e as demais decrescem pela ordem de classificação, mas, além da pontuação com os acertos, há outros critérios que são levados em conta...

É bom esclarecer que ao chamar a "reunião dos alunos" ora de **grupo**, ora de **equipe**, não manifesto propósito específico nesse momento; é apenas uma forma de expressar, pois à diferença/semelhança entre esses termos cabe uma boa discussão...

 Material:

1) Perguntas dos alunos digitadas[11], conforme o exemplo abaixo:

3) Felipe pretendia viajar para Aruba. O que o fez mudar de ideia, e por que não quis dizer o motivo à Bárbara?	R: O que o fez mudar de ideia foi uma profecia horrível feita pela cigana Zoraya, por isso não quis contar à Bárbara, achando que ela o chamaria de otário por acreditar nessas coisas. P. 3. Camille Cristina Bicudo[12]

Aluna: Camila Zambini Netta – 6º ano 1/2002.
Professora: Rita
Disciplina: Língua Portuguesa

Observações:

• Oriento que as questões sejam elaboradas enquanto leem o livro solicitado (na maioria das vezes, sugiro alguns – dentre os que já conheço – para seleção).

---

[11] Geralmente; porém, caso não seja possível, aceito manuscrita, desde que correspondam à forma solicitada.
[12] HETZEL, Graziela Bozano. *Pesadelo na neve*. São Paulo: Atual, s.d.

• Quanto a levar os alunos ao laboratório para digitar, aproveito para também trabalhar com vários aspectos de *digitação* (formatações diversas, tabelas etc.).

2) Uma ampulheta simples (dos joguinhos que temos em casa).
3) Um dado para o sorteio da ordem das equipes.
4) Seis cartões com numeração:

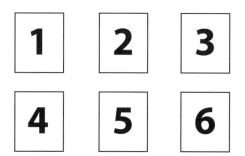

5) Quatro cartões, com cores distintas, para cada grupo:

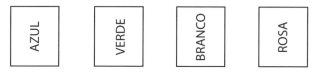

6) Regras para cada grupo, previamente distribuídas e estudadas.
7) Uma caixa de sapatos rotulada com o título do jogo.

Como jogar:

Regras do jogo:

1) Todos os alunos devem redigir no mínimo dez perguntas, cujas respostas deverão ser dissertativas. Não se permitem questões objetivas.

2) Para dar início ao jogo, o dado será lançado por um representante de cada equipe, já ficando estabelecido que será respeitada a ordem crescente de pontuação.

3) Cada equipe receberá, no começo, os cartões coloridos que correspondem ao seguinte:
• VERDE: vale o triplo da pontuação.
• ROSA: vale o dobro.
• AZUL: dá direito a pular a pergunta, sem ter prejuízo.
• BRANCA: dá direito a pular, porém perde 1 (um) ponto. Todos esses poderão ser usados uma única vez, a critério do grupo, sendo entregues

à mesa no momento em que deles se utilizarem (**antes** de responder a questão).

4) Em todas as rodadas, o professor sorteará um dos cartões, cujo número marcado será correspondente à pontuação da resposta correta (de 1 a 6).

5) O representante do grupo irá à frente, onde a professora estará com os cartões numéricos virados para baixo, e escolherá um para saber os pontos a que concorrerão nesse momento.

6) Somente **antes** de responder a equipe poderá se manifestar quanto ao uso dos cartões coloridos. Caso tenham optado por dobrar, pular etc. e "erram a resposta", cabe ao grupo seguinte, que já pretendia concorrer ao **extra**, aceitar o que consta na *observação* da regra n. 11.

7) Se dentre as perguntas sorteadas houver alguma **bem elaborada** (com identificação do autor, e a critério do professor), o grupo recebe **um ponto a mais**.

8) Todos os componentes das equipes devem participar das discussões, com tempo marcado pela professora (com a ampulheta[13]).

9) Caso haja intromissão "inadequada" no ponto de vista do professor, será descontado um ponto da equipe.

10) O professor solicitará aos alunos que cortem as perguntas em "tirinhas" e dobrem-nas para que sejam colocadas na caixa, de onde serão retiradas no decorrer do jogo.

11) Caso a equipe não saiba a resposta ou responda à questão de modo incoerente – **não** necessariamente o que o autor da mesma quis dizer –, o coordenador verá quem quer participar, entre outras equipes, então sorteará outra pergunta que estará recebendo o *dobro da pontuação* que fora estipulado para a primeira. A primeira equipe perderá a vez, deixando de receber o valor correspondente. Neste momento, nada impede que esta equipe utilize seu cartão AZUL ou BRANCO; porém, o professor não dará **mais** tempo para discutirem. A resposta deve ser imediata.

Observação: Se o grupo que aceitou participar da jogada "**extra**" errar, perde o total e outro irá responder (valendo esta última pontuação: o dobro).

12) A equipe que perturbar o jogo perderá pontos (definidos pelo coordenador).

---

[13] Esse objeto traz uma sensação de expectativas que gera euforia e torcida nos grupos. É importante que o tempo seja marcado; trabalha-se com limitações.

13) As perguntas repetidas e/ou mal elaboradas serão deixadas de lado.

14) Todos deverão estar cientes das regras, antes de iniciar o jogo, pois não poderão alegar ignorância das mesmas.

15) Se houver impasse em alguma pergunta, **quem decide** sobre a resposta final é o coordenador.

PLACAR

CRITÉRIOS \ EQUIPES	A	B	C	D
Respostas certas				
Respostas erradas				
Intromissões				
Extras				
Perg. bem elabor.				
Organização				
Tom de voz				
TOTAL				

Observações:

• Ao término do jogo, cada equipe avaliará a participação individual de seus elementos, pois isso também será computado na pontuação final individual.

• O professor somará os pontos obtidos pelas equipes e fará a distribuição parcial das notas, pois se algum aluno se sobressaiu (na visão do grupo ou do professor), merece um acréscimo. (Cf. "autoavaliação" do grupo.)

Exemplo:

Autoavaliação do grupo

Pontos		Nota
A →	=	2,0
B →	=	1,75
C →	=	1,5
D →	=	1,0

Previamente o próprio grupo nomeia um representante, no caso de precisar se manifestar, por qualquer motivo e para conduzir a autoavaliação, tendo em vista os seguintes objetivos:
- Todos trouxeram a quantidade de perguntas solicitadas?
- Tais perguntas estão adequadas às regras? (devem vir acompanhadas de resposta, número da página[14] de onde foi tirada – no caso de gerar dúvidas – e nome de quem a elaborou).
- Todos os alunos participaram ativamente das discussões das respostas, durante o jogo?
- Ao organizar os grupos – arrumar as carteiras – (tanto no início, como no final), conseguiram manter silêncio e ordem?
- Enquanto um grupo está sendo avaliado, há cooperação e respeito por parte dos outros, dando ao primeiro oportunidade para pensar?

Da nota total (dois), cada item do quadro anterior vale um ponto; e o segundo será construído pela equipe, durante todo o evento. Quanto às regras propriamente ditas, foram sugeridas, em sua maioria, pelos próprios alunos.

Observação: Durante alguns jogos, precisamos adaptar algumas delas, por não ter sido pensado em alguns obstáculos que foram aparecendo no decorrer do evento, e assim, conforme necessário, e de comum acordo com a classe, mexemos em alguns pontos, quando foi preciso.

> Quando se quer, trabalha-se *gramática* da maneira mais prazerosa possível. Que tal nos propormos a analisar a Língua Portuguesa? Talvez assim consigamos aprender a apreciá-la!!

---

[14] Caso a pergunta seja "abrangente", não há necessidade de colocar o número da página, pois seria incabível; basta a "sugestão de resposta".

12

Stop – Substantivos

Público-alvo: A partir do 4º ano.

Objetivos:
- Estimular o trabalho de raciocínio.
- Praticar a análise de palavras fora do contexto.
- Entender a necessidade de conhecer as "palavras" em sua forma primária e "solta".

Material:
- Cartela (Fig. 1).
- Um marcador de tempo (pode ser uma ampulheta).
- Letras do alfabeto.

Como jogar:
1) Distribuem-se as cartelas para cada grupo.
2) Dado um sinal, pede-se para um elemento de um dos grupos vir à frente e sortear uma letra.
3) Marca-se o tempo e dá-se início à jogada.
4) Após um sinal, avisando que o tempo se esgotou, pede-se para comentar e justificar as correspondências feitas com as palavras.

Observação: Se houver consenso em contar pontos, a equipe que acertar mais palavras conta os pontos – previamente sorteados.
Se a equipe errar, verifica-se se outra quer corrigi-la para ganhar os respectivos pontos.

(Fig. 1)

LETRA	PRÓPRIO[15]	COMUM	SIMPLES	COMPOSTO	PRIMITIVO	DERIVADO	COLETIVO

---

[15] Pode-se colocar o *conceito*, caso seja adequado.

13

Artigos

Público-alvo: A partir do 7º ano (É bom trabalhar as regras, antes!!)

Objetivos:
- Praticar a análise de artigos em diferentes contextos.
- Verificar a necessidade de conhecer as regras para o emprego do artigo em diferentes formas.

Material:
- Cartelas *aos pares*, cujas características sejam as seguintes:
- Em algumas, frases que contenham artigos com diferentes empregos e/ou sentidos.
- Em seus pares, frases que contenham *o que os artigos expressam* (Fig. 1).
- Um marcador de tempo (pode ser uma ampulheta).
- Um dado.

Como jogar:

1) Distribuem-se cartas para os grupos.

2) Pede-se para um representante de cada grupo vir à frente para sortear o início do jogo.

3) Se o grupo já sair com pares prontos, deve juntá-los e apresentá-los antes de iniciar a partida.

4) Após um sinal, o grupo que dará início coloca uma carta no chão – centro da sala – e aguarda para ver quem tem o par correspondente, para colocar junto. Assim que este se apresentar, recolherá a carta que faz par com a sua e exibirá o par para confirmação de todos.

5) Caso mais de um grupo julgue ter uma carta cabível, é hora de deixar "rolar" a discussão e entrar num consenso. **Se** necessário, interfira para ajudá-los.

6) Para dar continuidade, o último grupo descarta uma ficha, e assim ocorrerá sucessivamente.

7) O grupo vencedor é aquele que conseguir maior pontuação.

Observação: Para todo par de cartas deve haver uma pausa para conferência – cabe ao professor a função de apontar se o par está "certo" ou "errado". Se o grupo acertar, joga o dado para ver quantos pontos ganhará; se errar, perde "X" pontos (previamente combinado).

Sugestão: Um bom tamanho para as cartas é aproximadamente 20 x 30cm.

(Fig. 1)

Ele tem **uns** trinta e seis anos.	Nesse contexto, o artigo expressa "aproximação".
Todo **o** mundo saiu brigando do jogo.	Nesse contexto, o artigo significa "inteiro".
Todas **as** quatro classes mereciam ganhar o campeonato.	Nesse contexto, o artigo **acompanha** o numeral, seguido de substantivo.
O time argentino garantiu vaga com vitória sobre **a** Suíça.	Nesse contexto, o artigo tem emprego **facultativo**; pode vir acompanhando ou não alguns nomes de países.
Os Almeidas são pessoas respeitadas nesta cidade.	Nesse contexto, o artigo acompanha um nome próprio no plural.
As equipes discutiram muito. Todas Ø oito manifestaram-se contra as novas regras.	Nesse contexto, **omite-se** o artigo, pois o numeral NÃO vem seguido de substantivo.
Toda Ø classe bem orientada não precisa de revisão.	Nesse contexto, **omite-se** o artigo, pois o sentido de "toda" é: "qualquer".

Muita saúde e felicidade: esses são **os** meus votos!	Nesse contexto, acompanhando um pronome possessivo (meus), o artigo é facultativo; expressa ênfase.
"Não era **um** ser humano; era **um** bicho" (F. Sabino).	Nesse contexto, o artigo realça o substantivo, fazendo-o representar toda a espécie.
Tinha **as** mãos frias e **os** olhos fechados.	Nesse contexto, o artigo equivale a um "pronome possessivo" (suas/seus).
Estes resultados são satisfatórios. **Os** de ontem, não.	Nesse contexto, o artigo equivale a um "pronome demonstrativo" (aqueles/aquelas).
Era realmente **uma** maravilha de criança!	Nesse contexto, o artigo indefinido reforça uma característica de um ser (ou objeto).
Ø Arma em casa, é perigoso.	Nesse contexto, **omite-se** o artigo, pois o substantivo "arma" está num sentido generalizado.
O jantar está na mesa!	Nesse contexto, o artigo definido permite que o *verbo jantar* passe a ter a função de *substantivo*.
Esta é a cidade cujos Ø habitantes são estrangeiros.	Nesse contexto, o artigo NÃO deve ser usado após o *pronome relativo* **cujo**!

14

Adjetivo num contexto ilustrativo

 Público-alvo: A partir do 7º ano.

Objetivos:
• Estimular o trabalho de raciocínio.
• Praticar a representação dos adjetivos a partir de imagens.
• Entender a necessidade de conhecer o significado das palavras em textos não escritos.

Material:
• Cartelas com a classificação dos adjetivos – escritos (Fig. 1).
• Um marcador de tempo (pode ser uma ampulheta).

Como jogar:
1) Distribua as cartelas e as fichas para cada grupo.
2) O grupo terá um tempo para analisar a classificação dos adjetivos, de modo que consigam argumentá-la depois. *Estimule-os a pesquisar a diferença que há entre as cinco classificações intituladas na tabela* (mesmo que seja apenas num dicionário).
3) Entregue as fichinhas para que os grupos as encaixem adequadamente na tabela. Marque um tempo.
4) A um sinal, iniciar a discussão, que levará os grupos à correção.

Observação:
• Se houver consenso em contar pontos, a equipe que acertar mais palavras conta os pontos – previamente sorteados.
• O professor, diante das necessidades da turma, adapta as regras, ou as recria de acordo com seus objetivos.
• Se a equipe errar, verifica-se se outra quer corrigi-la para ganhar os respectivos pontos.

Esta tabela é mera suposição – lembrando que, na maioria dos casos, **DEPENDE-SE DO CONTEXTO** para se analisar o papel de um adjetivo! O aluno **NÃO** deve ter acesso a ela. É importante dizer que essas palavras (*) escritas na tabela são meras sugestões e, na verdade, não estarão nesse local; serão as tais fichas, sugeridas anteriormente, o material a ser usado.

(Fig. 1)

Qualidade	Defeito	Característica	Condição	Estado
(*) DURÁVEL	RUIM	ALTÍSSIMO	NOVO	DEPRIMENTE
INQUEBRÁVEL	DESOBEDIENTE	MAGRO	MUITO LIMPO	LAMENTÁVEL
ÓTIMO	FURADO	COLORIDO	BEM GRANDE	ACEITÁVEL
BONDOSO	MALCRIADO	ELEGANTE	BARATO	SAUDÁVEL

15

Adjetivo num texto escrito

Público-alvo: A partir do 7º ano.

Objetivos:
• Estimular a reflexão e a associação de sinonímia.
• Conhecer o significado das palavras em textos diferentes, porém com sentidos semelhantes.
• Destacar a importância da colocação dos adjetivos nas frases.

Material:
• Cartõezinhos com frases curtas, cujos adjetivos estejam em destaque (Fig. 1).
• Um marcador de tempo (pode ser uma ampulheta).

Como jogar:
1) Distribuem-se os cartões – um para cada grupo.
2) Pede-se para:
a) Analisar e **justificar se o "adjetivo"** (cf. observação **2d**) representa: **qualidade**; **defeito**; **característica**; **estado** ou **condição**[16].
b) Comentar sobre o sentido do adjetivo na oração.
3) Marca-se o tempo e dá-se início à jogada.
4) Após um sinal avisando que o tempo se esgotou, pede-se para o grupo se expressar. Caso erre, pergunta-se qual dos outros quer participar.

---

[16] É bom lembrar que a classificação morfológica depende da colocação no texto; sem um contexto não é possível analisar, pois certas palavras podem funcionar tanto como adjetivo como pronome ou advérbio.

51

Observação 1: Para uma correção mais eficiente, deve-se pedir para que primeiro leiam a frase, e depois expliquem a resposta.

Observação 2:

a) Se houver consenso em contar pontos, a equipe que acertar mais palavras conta os pontos – previamente sorteados.

b) O professor, diante das necessidades da turma, adapta as regras ou as recria de acordo com seus objetivos.

c) Esta tabela é mera suposição – lembrando que na maioria dos casos, **DEPENDE-SE DO CONTEXTO** para se analisar o papel de um adjetivo.

d) Uma boa possibilidade é não destacar os adjetivos, pois os alunos terão de reconhecê-los antes de continuarem a atividade. Isso os fará exercitar mais em relação à analise contextual.

(Fig. 1)

Meus amigos mais **sinceros** são os que conheci nesta **nova** escola.
Meus amigos mais **sinceros** são os que conheci nesta escola **nova**.
Todos os produtos **deteriorados** são da Nana, mas os consumidores **desinformados** ainda os consomem.
Todos os produtos da Nana estão **deteriorados**, mas os consumidores menos **informados** ainda os consomem.
Jônata é **altíssimo**, porém **lerdo** e **desastrado**.
Jônata é **lerdo** e **desastrado**, porém **altíssimo**.
Não é porque sou **magro** que não sou **saudável**.
Não é porque sou **saudável** que não sou **magro**.
Nós o encontramos num estado **lamentável** após a festa **domingueira**.
Nós o encontramos num **lamentável** estado após a festa **domingueira**.
Ganhamos uma prancha **colorida** e **atraente** para a competição; porém não estava **calibrada**.
Ganhamos uma **colorida** e **atraente** prancha para a competição; porém estava **descalibrada**.

Outros exemplos que podem ser alterados:

a) Embora Caterine seja **elegante**, veste-se com roupas **baratas**.

b) Não seja **cruel** com as pessoas; você pode se sentir **culpada** por algo que não fez.

c) Bondade e caridade são **virtudes** de poucas pessoas; muitas se cegam diante das necessidades **humanas**.

d) Os alimentos **naturais** continuam sendo bastante **procurados** por todas as idades.

e) Encontrei, depois de anos, um **velho** amigo.

f) Morando na casa **grande**, meus avós puderam explorar **boas** horas de lazer.

g) Foi encontrado, escondido, um **pobre** menino.

h) Aquela garota me procurou na hora **certa**.

i) Um **alto** conceito foi dado ao evento.

16

Bingo – Classes gramaticais

 Público-alvo: A partir do 6º ano.

 Objetivos – Partes **A** e **B**[17]:
• Reforçar o conceito de algumas classes gramaticais e suas flexões.
• Treinar a percepção de conceitos abstratos e o emprego das palavras.
• Confirmar algumas regras de flexão das classes gramaticais em evidência.
• Conhecer e/ou reforçar a flexão das palavras.

Objetivos – Parte **B**:
Criar motivação para se "estudar os diferentes *papéis* exercidos pelas palavras em diferentes posições".

 Material:
Parte A:
• Para todas as palavras empregadas, fazer fichas correspondentes à sua flexão – conforme Fig. 1 e Fig. 1a.
• Cartelas suficientes para o número de alunos – programadas de acordo com o que foi estudado (Fig. 2 e Fig. 2a).

Parte B:
• Frases escritas em tiras de cartolina, em tamanho visível a distância (Fig. 3).

---

[17] Entenda-se como partes **A** e **B** o grau de *dificuldade* ou *conhecimento* dos alunos; depende de como foram trabalhados os conceitos e a aplicação.

Como jogar:
Partes **A** e **B**:
1) Entrega-se uma cartela ou "tira" (Fig. 3) para cada aluno (ou dupla – o que, no início, será melhor).
2) Sorteiam-se as fichas para serem marcadas.

Observação: É bom lembrar que, como haverá cartelas diferentes, e muitas palavras coincidentes quanto à classificação, mais de um aluno poderá marcar ponto; portanto, convém ir corrigindo com os participantes a cada vez que marcarem, pois estarão **treinando** ao corrigirem coletivamente!

Parte B:
1) Colocam-se as frases em exposição, de modo que todos tenham acesso – por exemplo, pregadas na lousa.

Observação: Esteja atento ao formar as frases e as cartelas para que haja respostas **adequadas** e não **parecidas** ou **coincidentes**! Para isso, acrescente mais critérios[18].

Sugestão de material – para a parte A:

(Fig. 1)

| Substantivo próprio, feminino | Preposição | Substantivo feminino, singular, simples, comum, primitivo. |

| Verbo – pretérito perfeito; 3ª pessoa do singular – modo indicativo | | Artigo definido, feminino, singular. |

---

[18] Sugestões de outros critérios para serem empregados como **pistas**: número de sílabas; classificação quanto à tonicidade; sinônimos, antônimos etc.

(Fig. 2)

AS	VIMOS	BOLINHA	
FLOR	PARQUE		
UM		ROBERTA	VENCEDORES

Sugestão de material – para a parte B:

(Fig. 3)

> Raquel trouxe flores para a professora.

(Fig. 2a)

AS	TROUXE	BOLINHA	
FLOR	PARQUE		
UM		ROBERTA	VENCEDORES

(Fig. 1a)

> Substantivo que nomeia uma mulher; dissílabo e oxítono.

> Artigo definido, feminino, singular.

> Preposição dissílaba, expressa finalidade.

> Verbo da 2ª conjugação, 3ª pessoa do singular; modo indicativo; pretérito perfeito.

> Substantivo comum, simples, grau normal, primitivo, nomeia uma profissão; polissílabo e possui um dígrafo.

> Substantivo formado por duas sílabas, feminino, plural, simples, comum, primitivo, cujo coletivo é ramalhete.

17

Brincando com verbos

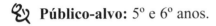

Público-alvo: 5º e 6º anos.

Objetivo: Fixar alguns verbos por meio de raciocínio simultâneo (dupla ou tripla saída).

Material:
- Tabela de controle para a dupla (ou para cada indivíduo) (Fig. 1).
- Cartela para marcar as palavras *cantadas* (Fig. 2).
- Um marcador de valores (dado, roleta, números etc.).

Como jogar:

1) Distribuem-se uma cartela (Fig. 1) e uma tabelinha (Fig. 2) para cada dupla.

2) Sorteia-se a quantidade de pontos que a rodada valerá. Para isso, pode-se utilizar um dado ou outra forma qualquer. A cada rodada, um representante diferente sorteará um número e um verbo (Fig. 3).

3) O aluno reconhece as características dadas ao verbo, conjuga-o e responde. O(s) primeiro(s) a responder(em) *corretamente* marca(m) sua cartela e ganha(m) X pontos. Ganhará o aluno/equipe que preencher a tabela primeiro.

(Fig. 1)

Modo Tempo \ Pessoa Nº	1ª pessoa		2ª pessoa		3ª pessoa	
	Singular	Plural	Singular	Plural	Singular	Plural
MODO Presente	1	2	3	4	5	6
Pretérito perfeito	7	8	9	10	11	12
Pretérito imperf.	13	14	15	16	17	18
Pretérito mais-que-perfeito	19	20	21	22	23	24
Futuro do presente	25	26	27	28	29	30
Futuro do pretérito	31	32	33	34	35	36

(Fig. 2)

Nº de ordem	Valor	Nº sorteado	Verbo	Resposta	Pontos Parcial	Pontos Total
01						
02						
03						
04						
05						
06						
07						
08						
09						
10						
11						
12						
13						
14						
15						

(Fig. 3)

Brincar	Amar	Sonhar	Lavar	Chorar
Nascer	Crescer	Viver	Escrever	Vender
Sorrir	Partir	Conseguir	Repartir	Competir
Por	Repor	Compor	Supor	Sobrepor
Ter	Alcançar	Festejar	Compreender	Triplicar
Voltar	Recordar	Entristecer	Movimentar	Iludir
Subtrair	Decompor	Emagrecer	Renascer	Vibrar
Correr	Desejar	Enlouquecer	Cuspir	Trair
Rejuvenescer	Dividir	Arranjar	Autenticar	Distrair
Tirar	Rever	Dispor	Engraçar	Suprimir

Colocando os numerais em prática

Público-alvo: 6º ano.

Objetivos:
- Treinar a leitura e escrita dos numerais.
- Adquirir habilidades para usar os numerais no cotidiano.
- Interdisciplinaridade com Matemática.

Material:
- Envelopes enumerados com as tarefas propostas:
(Prepare um jogo de tarefas para cada equipe.)
- Tabuleiro (um para cada equipe ou um grande).
- Um peão (ou marcador para cada grupo ir rodando na tabela) ou um saquinho de areia colorido.
- Uma ampulheta.
- Sulfites para escrever a resposta.
- Fichas para demarcar algumas casas na trilha.
- Dado.

Sugestões para as tarefas:
1) Resolva o problema a seguir e depois:
a) Dê a resposta completa, cujo numeral esteja escrito por extenso.
b) Classifique os numerais em destaque.

> Nas compras feitas, aos **23** dias do mês passado, você gastou R$ **120,00**, porém neste mês você se deixou levar pelas ofertas e gastou o **triplo**. Qual o total gasto?

2) Na viagem feita pela escola, os gastos que você teve foram todos registrados num cartão magnético. Para fechar a conta, você precisará preencher o cheque que sua mãe lhe deu. Faça isso com cuidado, pois não pode haver rasuras. Sua despesa ficou em R$ 68,17.

BANCO 000	AGÊNCIA 1234	CONTA 01.0001-01	CHEQUE Nº 12001	R$

Pague por este cheque a quantia de _____

_____

a _____

_____ de _____ de _____

Banco Corações
LIMEIRA - SP

FULANO DE TAL
CPF 100.100.100-10

3) Na corrida São Silvestrini promovida pela escola, alguns alunos foram "destaque". Veja por quê!

Observe a tabela abaixo e escreva os numerais que representam a classificação, por extenso:

NOME	CLASSIFICAÇÃO DE CHEGADA	LEITURA
Luizinho	33º	
Adilson	48º	
Alessandro	61º	
Cristiano	66º	
Volnei	75º	
Lucianinho	79º	
Juca	80º	
Crisvaldo	92º	
Frank	100º	

4) Os alunos do 2º ano estão com dificuldade para nomear os pedaços da pizza. Vamos ajudá-los:

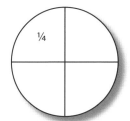

a) Complete com os numerais que faltam.
b) Escreva por extenso os nomes dos numerais que ocupam esses pedaços da pizza.
c) Classifique-os.

_____

_____

5) Leia o diálogo abaixo e responda à questão:

- Comprei **um** caramelo delicioso, Túlio.
- Então, quero experimentar.
- Pegue **um**.
- Obrigado!
- *Eu di-dis-se **UM**!!!!*

• Explique a diferença de sentido entre as palavras em destaque.
• Classifique essas palavras.

_____

6) Luciano foi comprar frios para sua mãe fazer pizza. Ao chegar à padaria, pediu:
– Moço, quero 650g de queijo e 260 de presunto.
Escreva por extenso os numerais da fala do menino.

_____

_____

7) Se você fosse premiado com três pedaços de **um** chocolate que dividiram em doze partes iguais, que parte receberia?
• Escreva por extenso sua resposta.

• Classifique a palavra em destaque.
_____

_____

8) Meu bisavô fez aniversário semana passada. Sua idade corresponde a três vezes a do meu pai. Este tem quatro vezes a idade de meu irmão – que está com 6 anos.
• Escreva por extenso a idade de cada um deles.
• Retire todos os numerais da história e classifique-os.
_____

_____

9) Leia a manchete a seguir:
a) Retire os numerais do panfleto da loja, escrevendo-os por extenso.
b) Classifique-os.

> **Compre em 5 pagamentos, com a 1ª parcela para o dia 31/12, sem juros!**
> **Essa é a única maneira de você comprar bem!**
> **Compras acima de R$ 1.000,00 com descontos!**
> **Venha conferir nossas ofertas!**

10) Leia o anúncio e faça o que se pede:
a) Há numerais nesta propaganda. Retire-os e classifique-os.
b) Represente-os com algarismos.

> **TUDO PELA METADE DO PREÇO**
> **OU EM 6 VEZES!!**
> **AQUI...**
> **Seu dinheiro vale o dobro!!**

11) Observe a manchete a seguir:

1º ENCONTRO ESTUDANTIL DE LITERATURA

Na 6ª feira, 7 de agosto ocorreu o 1º ENCONTRO ESTUDANTIL DE LITERATURA no Instituto Escolar Monteiro Lobato. Os candidatos selecionados receberam diplomas e medalhas.
O vencedor recebeu R$ 360,00; o 2º classificado, R$ 240,00 e o 3º, a metade do 2º prêmio. Os que ficaram do 4º ao 10º lugar, foram homenageados com flores e diplomas. A festa foi belíssima. Parabéns aos coordenadores e participantes. Mais uma vez, Monteiro Lobato em festa, sai à frente no incentivo à literatura juvenil!

a) Escreva todos os numerais da manchete, por extenso.
b) Classifique-os.
c) Escreva os numerais ordinais no lugar dos cardinais.

_____

_____

12) Minha bisavó vai completar oito décadas de vida no domingo. Ela estará comemorando seu... aniversário. Se minha mãe tem ⅓ da idade dela, quantos anos tem?
• Escreva por extenso as respostas dadas ao problema.
• Retire todos os numerais da história e classifique-os.

_____

13) Leia o anúncio a seguir e reflita para responder:

O primeiro banco a oferecer um cartão de crédito válido para TODAS as lanchonetes escolares. É o único que lhe envia dois.

BANCO DIM-DOM ♪	BANCO DIM-DOM ♪
O melhor cartão	O melhor cartão
6.128.3405 Válido até 1º-01-2030	**6.128.3405** Válido até 1º-01-2030
MERIANA ALFREDO LIMA	

a) Observe, no enunciado principal, que o anunciante faz um jogo de oposições entre as palavras **um** e **único** de um lado, e a palavra **dois**, de outro. Considerando o contexto, classifique as palavras em destaque.

b) Escreva por extenso os numerais que aparecem nos cartões.

Sugestão do material:
Tabuleiro

Como jogar:

1) Desenhar um tabuleiro no centro da sala à vista de todos (para isso, recomenda-se fazê-lo em tamanho grande) e coloque as fichinhas. Pedir para cada equipe se identificar com a cor de seu marcador (saquinho colorido).

2) Os grupos receberão uma tarefa a cada rodada, e os papeizinhos para escrever as respostas.

3) O professor antecipadamente separa o número de envelopes que será usado naquela rodada "inteira".

4) Entrega um envelope para cada grupo. Quando terminar o tempo, dá um sinal para os abrirem e resolverem a questão.

5) Ao concluir, os representantes entregam suas respostas. O professor as corrige (se necessário, escreve-as num papelzinho para que todos do grupo visualizem); pergunta ao grupo a que valor estavam concorrendo e anuncia quem avançou – ou não – na tabela, de acordo com o dado e as fichinhas correspondentes.

6) Para iniciar uma nova rodada, o professor troca as tarefas, no sentido horário. Por exemplo: A tarefa do grupo A passa para o B; a do C, para o D, e assim por diante.

7) Quem chegar primeiro ao final com maior pontuação vencerá.

19

Elaboração de frases – Concordância nominal

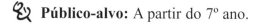

Público-alvo: A partir do 7º ano.

Objetivos:
- Praticar a análise morfológica.
- Elaborar frases coerentes, com concordância correta.

Material:
- Painel para colocar as fichas (Fig. 1) – em forma de cartaz de prega.
- Fichas com palavras (Fig. 2) (que previamente formam frases coerentes).
- Um marcador de tempo (pode ser uma ampulheta).
- Um dado.

Como jogar:

1) Distribuem-se, aleatoriamente, fichas para os grupos.

2) Dado um sinal, pede-se para um representante do grupo vir à frente e sortear o início do jogo.

3) Marca-se o tempo e dá-se início à jogada.

4) Após um sinal, o grupo que dará início coloca uma carta no painel; em seguida, e sucessivamente, outros grupos fazem o mesmo, completando os quadros livres com as fichas-palavras.

5) A cada rodada, um grupo diferente deverá "obrigatoriamente" tornar a frase coesa e coerente. Caso não queira, ou não consiga, passa a vez para outro; lembrando que só ganha ponto quem concluir frases!

Observação 1:

Será uma "boa jogada" quando as palavras colocadas provocarem dificuldade para se chegar à frase final; porém, NÃO se permitirá que a tornem "impossível".

Observação 2:
• É bom lembrar que nem todas as frases terão **todos** os termos! (preposição, por exemplo).
• Pode haver *duas* ou *mais* palavras num mesmo espaço! (*locução).
• O grupo que concluir deve, ao ler, fazer a concordância correta.

6) O grupo vencedor será aquele que conseguir concluir mais frases coerentes, com concordância correta.

(Fig. 1)

SUBSTANTIVO	ARTIGO (*)	ADVÉRBIO (*)	ADJETIVO (*)	NUMERAL	PRONOME	VERBO (*)

(*) Leve-se em conta também as locuções.

(Fig. 2) – fichas-palavras

Exemplos de frases que serão cortadas para o jogo:

Aqueles	três	bons	irmãos	fugiram.

a) Os antigos casarões vão desmoronar.
b) As duas cidades mais limpas foram premiadas.
c) À noite, meus vizinhos saem de mansinho.
d) Ângela, Cleide e Anita receberam o primeiro prêmio.
e) Ficamos três noites sem dormir.
f) Vejam o ônibus da nossa escola! Limpíssimo!
g) Agora eles podem comer a sobremesa.
h) Jônata ama minha irmã Gláucia.
i) Eu nunca vi nada igual!

20

Morfossintaxe

🐜 **Público-alvo:** A partir do 7º ano.

🔍 **Objetivos:**
• Observar as diversas possibilidades de colocação das palavras na frase.
• Treinar a capacidade de classificar, selecionar e compreender as classes gramaticais.
• Diferenciar as classes gramaticais e reconhecê-las com facilidade.
• Distinguir *morfologia* de *sintaxe*.
• Formar frases simples e coerentes.
• Entender que a palavra varia sua função de acordo com o contexto (a palavra na *formação* do texto).
• Formar períodos simples e compostos com facilidade.
• Observar características das frases e orações.
• Compreender o papel e o valor da pontuação.
• Conhecer os termos essenciais da oração.
• Elaborar períodos simples e compostos, reconhecendo a importância da colocação dos termos na oração.
• Aprender a morfossintaxe sem se dar conta de suas "barreiras".

📓 **Material:**
1) Faça etiquetas contendo o nome das classes gramaticais. Depende com quantas delas se quer trabalhar e também do número de grupos que formará. Ex.:

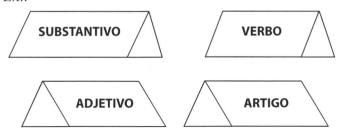

Exemplo feito para cinco grupos. Ao recortar, cada um receberá uma série de cinco suportes triangulares (como a figura anterior) com etiquetas individuais.

2) Elabore algumas tarefas para serem cumpridas posteriormente (exemplos a seguir, em *Como jogar, 7).*

3) Palavras que poderão ser escritas (pelos alunos ou por você) ou até mesmo solicitadas com antecedência com recorte de jornais ou revistas. Ex.:

• As palavras sugeridas a seguir serão recortadas para que cada grupo as receba *embaralhadas.*

• Deve-se fazer uma cartela destas para cada grupo.

O	O	galo	inteligente	ser	alegremente
A	A	menino	fiel	comer	ontem
OS	Os	padre	Bom	falar	sempre
AS	As	irmão	gostoso	jogar	às vezes
UM	Um	garoto	divertido	pensar	infelizmente
UNS	Uns	ideia	revoltante	convidar	não
UMA	Uma	comida	saboroso	chorar	talvez
UMAS	Umas	fome	esperto	sentir	muito
O	O	brincadeira	malandro	ter	nunca
A	A	coração	graúdo	sonhar	amanhã

Como jogar:

1) Distribua para os grupos as palavrinhas misturadas (num saquinho ou caixinha).

2) Dê-lhes a seguinte ordem (SUGESTÃO):

• Separar as palavras por *temas* (nomes, ações, circunstâncias, qualidades ou características e outras que ficam fora desses grupos).

3) Entregue os *triângulos-etiqueta* e sugira que deem nomes aos conjuntos de palavras que separaram.

Observação: Esteja sempre percorrendo pelos grupos para ir interferindo na correção.

Cuidado: Muitas vezes, apesar de separarem de modo diferente, eles têm razão. Afinal, as palavras estão fora do contexto! Portanto, **sempre** os questione!

4) Peça para os grupos exporem suas classificações em voz alta para haver uma reflexão coletiva.

5) Caso algum deles tenha classificado de modo diferente, é hora de levantar as hipóteses e discutir para se chegarem às conclusões.

6) Após terem "entendido" bem a classificação das palavras com suas nomenclaturas correspondentes, dê início ao trabalho com frases.

7) Distribua as tarefas sorteadas para os grupos. Para criar mais expectativa ao "jogo" traga as tarefas num envelope, com seu "valor" prescrito. Isso provavelmente os tornará mais ansiosos para os desafios. Ex.:

a) Forme uma frase empregando um substantivo abstrato e um artigo definido.

> A *ideia* de ontem foi **boa**.

Observação: Orientá-los para o seguinte:
• Não há palavras flexionadas, mas na hora de montar a frase e ler para a classe, isso deverá ser feito!!!
• Se necessário, podem acrescentar outra "palavrinha". É o caso dos conectores (preposição, por exemplo).

b) Forme uma frase com dois substantivos concretos.
Crie outras tarefas que achar necessário e que estejam ao alcance da turma. Ouse também. Faça uns desafios mais difíceis. Eles vão gostar!

Lembre-se sempre: Para haver incentivo maior, dê pontos positivos para a realização das tarefas corretas e, ao final, avalie-os como achar melhor. Pode-se dar um conceito, um acréscimo na nota; enfim, você é a pessoa mais indicada para saber avaliar sua turminha.

É bem legal também pedir a cada aluno que, nesse dia, traga balas ou um bombom. Ao término do jogo, a equipe vencedora os receberá como prêmio.

Uma recomendação: Não permita que o jogo se torne uma disputa subentendida como "vencedores e perdedores"; antes de tudo, isso deve ser um estímulo para aprender. É apenas uma forma diversificada de fazer a prática inicial de uma análise sintática!

Período composto por coordenação

Público-alvo: A partir do 8º ano.

Objetivos:
- Reconhecer as orações coordenadas.
- Classificar as orações.
- Reconhecer os valores (as relações) semânticos das conjunções.

Material:
- Fichas com tarefas, conforme o modelo.
- Um dado.
- Um tabuleiro no chão para que a equipe possa ir marcando sua pontuação – conforme a que sortear e caso *acerte* a pergunta proposta.

Como jogar:
1) Organizar-se em grupos de até quatro alunos.
2) Cada equipe joga o dado para ver quem dá início à partida.
3) A cada rodada, um representante da equipe vem à frente, escolhe uma carta-pergunta (que está virada para baixo) e sorteia o dado.
4) A turma lê sua questão, estuda, discute, e o professor, enquanto isso, marca um determinado tempo.
5) A equipe que chegar à frente é a vencedora.
6) Se a equipe errar a questão, outra(s) pode(m) se candidatar a responder. Isso é a critério da turma.

Se um período composto for unido apenas por um sinal de pontuação e as orações forem completas sintaticamente, vamos chamá-lo de período....	"Não ter feito nada é uma grande vantagem; mas não se deve reclamar." Qual é a oração inicial?	"Os doidos inventam a moda e o povo segue". Aponte a oração coordenada e classifique-a.
"Tanto leciono quanto advogo." Aponte a oração coordenada e classifique-a.	"A mulher culpada ainda pode amar a virtude, porém não pode pregá-la." Aponte a oração coordenada e classifique-a.	"Juçara come muito e não engorda." Aponte a oração coordenada e classifique-a.
"**Toda mulher vale um beijo**; algumas valem dois; e nenhuma vale três." Classifique a oração em destaque.	"Toda mulher vale um beijo; **algumas valem dois**; e nenhuma vale três." Classifique a oração em destaque.	"Toda mulher vale um beijo; algumas valem dois; **e nenhuma vale três**." Classifique a oração em destaque.
"Uma poesia deve ser excelente ou não existir por nada." Aponte a oração coordenada e classifique-a.	"**As mulheres em tudo vão ao extremo**: ou são melhores, ou são piores do que os homens." Classifique a oração em destaque.	"As mulheres em tudo vão ao extremo: **ou são melhores**, ou são piores do que os homens." Classifique a oração em destaque.
"As mulheres em tudo vão ao extremo: ou são melhores, **ou são piores do que os homens**."	"O lago está na minha fazenda; por conseguinte, me pertence."	"Cheguei, vi e venci."

Classifique a oração em destaque.	Aponte a oração coordenada e classifique-a.	Classifique as orações desse período.
"O tempo não para no porto, não apita na curva, não espera ninguém." Classifique as orações desse período.	"O amor é sempre criança: nunca tem preocupações." Classifique as orações desse período.	"Não faças mal ao teu vizinho, que o teu vem pelo caminho." Classifique as orações desse período.
"A mulher ou ama ou odeia; não há outra opção." Classifique as orações coordenadas que há nesse período.	"Não duvide de nada, porque neste mundo tudo é possível." Classifique as orações coordenadas que há nesse período.	"Não sou mau; agora, também não sou bobo." Classifique as orações coordenadas que há nesse período.
"Ifigênia não estuda, não obstante trabalha o dia todo." Classifique as orações coordenadas que há nesse período.	"As crianças não só choravam como também gritavam." Classifique as orações coordenadas que há nesse período.	"Está fazendo frio; levarei, pois, uma blusa." Classifique as orações coordenadas que há nesse período.
"Terás alegria, ou terás poder, disse Deus; não terás um e outro." Classifique as orações cooordenadas que há nesse período.	"Chove à beça, de forma que não poderemos ir à praia." Classifique as orações coordenadas que há nesse período.	"Colaborou com vinte reais, quando poderia colaborar com mais." Classifique as orações coordenadas que há nesse período.
"O pai não batia; torturava o filho."	"**Foi ao supermercado**, voltou, nada trouxe."	"**O árbitro não só marcou o pênalti**, mas também expulsou o jogador infrator."

Classifique as orações coordenadas que há nesse período.	Classifique a oração em destaque.	Classifique a oração em destaque.
"Não me peças favores, que já o conheço." Classifique as orações coordenadas que há nesse período.	"Foi ao supermercado, **voltou**, nada trouxe." Classifique a oração em destaque.	"Foi ao supermercado, voltou, **nada trouxe**." Classifique a oração em destaque.
"O árbitro não só marcou o pênalti, **mas também expulsou o jogador infrator**." Classifique a oração em destaque.	"Entrem, **que a casa é sua**." Classifique a oração em destaque.	"**Entrem**, que a casa é sua." Classifique a oração em destaque.
"Gosto de dar carona, mas isso pode ser perigoso." Pode ser perigoso, mas gosto de dar carona. Explique se houve mudanças no sentido das orações. A que conclusão você chegou?	"Ou entro eu, ou você!" Que sentido a conjunção "ou" estabelece entre as orações?	"A caminhada é muito longa. Vamos partir bem cedo." Usando a conjunção **pois**, reúna as orações, dando-lhes uma relação de *explicação* e, em seguida, de *conclusão*.
"Márcia ama Carlos e vai se casar com Roberto." Que relação de sentido a conjunção **e** estabelece nesse período?	Compare as orações: "Paulo é bonito, **mas** é mentiroso." E "Paulo é mentiroso, **mas** é bonito". Que diferença há quanto ao sentido?	"Aquele lugar é bonito, *por isso* poucas pessoas o visitam." A conjunção **por isso** foi corretamente empregada? Explique.

"Todos se prepararam ansiosamente para o domingo na praia **e** choveu."	"Conformar-se com a situação **ou** mobilizar-se para melhorá-la são as opções do brasileiro."	"Mário estudou muito **e** foi aprovado." "Mário estudou muito **e** foi reprovado."
Comente o emprego da conjunção **e**.	Comente o emprego da conjunção **ou**.	Comente o valor do "**e**".

22

Bingo – Dominó

Público-alvo: A partir do 6º ano.

Objetivos:
- Treinar a forma verbal contextualizada, de forma lúdica.

Material:
- Preparar uma série de cartelas divididas ao meio, com a seguinte descrição: à esquerda, frases com o verbo em destaque; à direita, os tempos, modos e pessoas verbais, em forma sequencial para que se faça uma *corrente* ao jogar (dominó).

Como jogar:
Podem-se fazer as cartelas em forma de colar:
1) Distribuir os colares para os alunos e colocar uma música de fundo.
2) Orientar os alunos que, enquanto a música toca, deverão sentar-se em círculo e "estudar" as cartelas (sua e de seus amigos).
3) Dar um sinal para que se levantem e procurem seus pares.
4) Interromper a música por algumas vezes para que dê tempo de refletirem sobre suas hipóteses.
5) Pode-se também combinar que, a cada vez que você bater palmas, eles devem parar onde estão e verificar se o par encontrado é mesmo o correto.
6) Acredita-se que a cada rodada, ou sinal, simultaneamente haverá a procura de *vários pares*, pois as frases se interligam. Por isso é interessante parar sempre.
7) Espera-se que, ao final, o círculo seja totalmente completado, com ordem.
8) Pedir para os alunos lerem sua frase e justificarem por que acham que o par encontrado foi o ideal.
9) Se houver nova rodada, misturar os colares e sorteá-los novamente.

Brincamos de *videogame* com meus amigos, todo dia.	Pretérito perfeito do Indicativo 3ª pes. pl.	Os alunos da 3ª série não **cantaram** o Hino Nacional.	Pretérito perfeito do Indicativo 1ª pes. pl.
Saímos ontem à tarde e **vendemos** toda a bijuteria.	Futuro do presente 2ª pes. sing.	Tu **sorrirás** quando achar o presente.	Futuro do pretérito 3ª pes. pl.
Repartiriam os doces, se chegássemos a tempo.	Pretérito perfeito do Indicativo 3ª pes. sing.	Você **cantava** muito bem no coral!	Pretérito Imperfeito do Indicativo 1ª pes. sing.
Quando criança, **vendia** tudo que eu ganhava.	Futuro do presente 1ª pes. sing.	Se ganhar na loto, **sorrirei** até chorar.	Futuro do pretérito 2ª pes. pl.
Repartiríeis todos os presentes que ganhásseis no Natal?	Pretérito imperfeito do Indicativo 3ª pes. pl.	As alunas do pré **cantavam** tão bem que foram premiadas.	Pretérito mais-que-perfeito 1ª pes. sing.
Eu **estudara** como louco para vencer.	Presente do Indicativo 1ª pes. pl.	Quando necessário, **pomos** os travesseiros para tomar sol.	Pretérito perfeito do Indicativo 3ª pes. sing.
Ninguém **decompôs** corretamente todos os números, exceto Paulinho.	Futuro do presente 2ª pes. sing.	**Vivenciarás** momentos extraordinários no decorrer dos anos vindouros.	Pretérito imperfeito do Indicativo 3ª pes. sing.

Ela certamente **romperia** o acordo, se você falhasse.	Futuro do presente 2ª pes. sing.	Se combinarmos, **recomporás** o trato?	Pretérito perfeito do Indicativo 3ª pes. pl.
Mal chegaram do cinema, **brincaram** até o anoitecer.	Presente do Indicativo 1ª pes. sing.	Ao entrar, **vi** aquele enorme presente sobre a mesa.	Futuro do pretérito 1ª pes. sing.
Se tivesse dinheiro, **compraria** seu CD.	Pretérito mais-que-perfeito 3ª pes. sing.	Ele **lutara** até o fim; não se entregou em momento algum.	Presente do Indicativo 1ª pes. pl.

23

Figuras de linguagem

Público-alvo: A partir do 8º ano.

Objetivos:
- Aprender de forma lúdica.
- Familiarizar-se com as diferentes estruturas e possibilidades de arranjos na oração.
- Ampliar e diversificar formas de escritura de orações.
- Melhorar a leitura reflexiva.
- Treinar sintaxe e semântica simultaneamente.

Material:
Preparar uma série de orações e suas figuras de sintaxe correspondentes em forma de sequência para que se faça uma *corrente* ao jogar.

Como jogar:
Há várias maneiras de se jogar; porém aqui vão três sugestões:
A) Podem-se fazer as cartelas em forma de colar:
- Distribuir os colares para os alunos e colocar uma música de fundo.
- Orientar os alunos que, enquanto a música toca, deverão sentar-se em círculo e "estudar" as cartelas (sua e de seus amigos).
- Dar um sinal para que se levantem e procurem seus pares.
- Interrompa a música por algumas vezes para que dê tempo de refletirem sobre o que estão pensando.
- Pode-se também combinar que, a cada vez que você bater palmas, eles devem parar onde estão e verificar se o par encontrado é mesmo o correto.
- Acredita-se que a cada rodada, ou sinal, simultaneamente haverá a procura de *vários pares*, pois as frases se interligam. Por isso é interessante parar sempre.

• Espera-se que, ao final, o círculo seja totalmente completado, com ordem.
• Pedir para os alunos lerem sua frase e justificarem por que acham que o par encontrado foi o ideal.

B) Pode-se fazer em forma de cartelas de dominó, mesmo para jogar conforme o próprio jogo.

C) É possível também fazer disputas entre grupos. Divida a classe em quantos grupos quiser, e escolha se dará um jogo inteiro para cada grupo e o desafiará com um tempo, ou se fará apenas duas equipes.

Observação: O número de cartelas é mera sugestão. Depende da quantidade de alunos que você tem na sala. **Crie à vontade. Isto é uma sugestão. Mas VALE A PENA!!!**

"Na lama lisa da margem, borboletas amarelas pousavam, imóveis, **como pétalas num chão de festa**" (Guimarães Rosa).	ANTÍTESE
"A pele escura e suada do cavalo e a seda branca da blusa..."	METÁFORA
"Minha vida é uma **colcha de retalhos**, todos da mesma cor" (Mário Quintana).	PROSOPOPEIA
"Olha, **o amor pulou o muro, o amor subiu** na árvore" (C. Drummond de Andrade).	ZEUGMA
Como todos saíram, eu também.	POLISSÍNDETO
As crianças falavam e cantavam e riam sem parar.	EUFEMISMO
Foi inaugurada uma escola para crianças deficientes mentais.	IRONIA
Ela é linda: espanta até os postes.	HIPÉRBOLE

"Se eu pudesse contar as lágrimas que chorei na véspera e na manhã, somaria mais que todas as vertidas desde Adão e Eva" (Machado de Assis).	**PLEONASMO**
Ele viveu uma vida solitária e difícil.	**CATACRESE**
Nós o esperávamos desembarcar do avião que chegou anteriormente.	**METONÍMIA** (Causa – Efeito)
Ele vive do trabalho.	**METONÍMIA** (Efeito – Causa)
Sócrates bebeu a morte.	**METONÍMIA** (Autor – Obra)
Eleonor conseguiu decorar sua sala de estar com um lindíssimo Picasso.	**METONÍMIA** (Marca – Produto)
Sempre que faço compras, não deixo de trazer Comfort® e Omo®.	**METONÍMIA** (Continente – Conteúdo)
De tão faminto que chegou, tomou dois pratos de sopa. E queria repetir!	**METONÍMIA** (Concreto – Abstrato)
Os garotos do colégio X têm ótima cabeça. Conseguiram se classificar para as Olimpíadas de Química.	**METONÍMIA** (Parte – Todo)
Seu Antonio não está dando conta de tratar a família. São cinco bocas para sustentar!	**METONÍMIA** (Abstrato – Concreto)
A juventude brasileira está cada vez mais brilhante!	**METONÍMIA** (Matéria – Objeto)
De longe se ouvia o tinir dos cristais do salão. A recepção parecia estar muito boa.	**ELIPSE**

"A criança que fui chora na estrada. Deixei-a ali quando vim ser quem sou" (Fernando Pessoa).	**CACOFONIA**
Surpreendi-me quando ele deu um murro na boca dela.	**COMPARAÇÃO**

24

Dominó – Figuras de sintaxe

 Público-alvo: 9º ano.

 Objetivos e como jogar:
Seguir o jogo "Figuras de linguagem".

Material:

ZEUGMA	Na sala, apenas três ou quatro convidados.
ELIPSE	Ele prefere cinema; eu, teatro.
ZEUGMA	Vossa excelência está muito preocupada!
SILEPSE DE GÊNERO	Vi aquele acidente com meus próprios olhos.
PLEONASMO	Tomara você me entenda.
ELIPSE	A nós nos disseram outra coisa.
PLEONASMO	E o menino resmunga, e chora, e esperneia e abusa da mãe.
POLISSÍNDETO	Não me entende ele a mim.
INVERSÃO	Não sopra o vento; não gemem as vagas; não murmuram os rios.
ASSÍNDETO	Estávamos certos de que você tinha viajado.
ELIPSE	A criançada brincou tanto que deitaram cedo.

SILEPSE DE NÚMERO	A mim me parece que está tudo errado.
PLEONASMO	Nós trazemos os doces; vocês, os salgados.
ZEUGMA	"Coçou o queixo cabeludo, parou, reacendeu o cigarro."
ASSÍNDETO	Os brasileiros precisamos defender nossas matas da depredação.
SILEPSE DE PESSOA	Dinheiro, nunca tenho.
INVERSÃO (HIPÉRBATO)	Chovem duas chuvas: de água e de jasmim...
PLEONASMO	Nenhuma criança na piscina; só adultos.
ELIPSE	A família inteira foi à festa e apreciaram o bom jantar.
SILEPSE DE NÚMERO	As crianças falavam e cantavam e riam felizes.
POLISSÍNDETO	A igreja era grande e pobre. Os altares, humildes.
ZEUGMA	Os professores irão embora e os alunos ficaremos aqui.
SILEPSE DE PESSOA	Desagradável e incompreensível era sua vez.
INVERSÃO	Íamos muitos em peregrinação.
SILEPSE DE PESSOA	Em nós você pode confiar.
INVERSÃO	Esperamos vocês façam boa viagem.
ELIPSE	A maior parte dos alunos passaram o ano.
SILEPSE DE NÚMERO	Entraram; mal nos viram, começaram a cantar.

ASSÍNDETO	Animais assim, meu pai não aceita em casa.
INVERSÃO	A nós você não chame mais.
INVERSÃO	Caía e levantava; saltava e pulava. Não obedecia.
ELIPSE	Enquanto comíamos churrasco, ele só vinagrete.

25

Tipos de predicado

Público-alvo: A partir do 7º ano.

Objetivos:
• Praticar a análise sintática dos predicados.
• Treinar o reconhecimento da predicação verbal.
• Adquirir rapidez de raciocínio ao "analisar" orações.
• Efetivar o conhecimento das funções que as palavras exercem numa oração.
• Desenvolver habilidade de realizar análise sintática do período simples.

Material:
• Fichas (com orações, questões acerca das funções gramaticais etc.) (Fig. 1).
• Um marcador de tempo (pode ser uma ampulheta).
• Cartas numeradas (de 0 a 5) – 2 jogos por grupo.

Como jogar:
• Cada grupo recebe uma tarefa e o professor marca o tempo para que pensem e discutam.
• Encerrado o tempo, o grupo que vai responder "entrega" a ficha-ponto a que pretende concorrer. Um representante do grupo lê a questão e a resposta.
• O professor corrige e se houver incoerência, abre espaço para a classe discutir.
• Se acertar, marca aquele número de pontos; senão, deixa de ganhar.

Observações:
• A respeito de "contar pontos", pode-se escolher alguma estratégia já sugerida em outros jogos, ou até mesmo criar as próprias regras com a turma. Isso é muito saudável e proveitoso!

• É bom lembrar que em nenhum jogo a intenção é disputar para vencer; é treinar e aprender de forma diferente, o que não impede que valha "pontos positivos", por exemplo.

(Fig. 1)

Um período composto precisa ter uma locução verbal. Certo ou errado? Por quê?	Um período composto precisa ter mais de um verbo ou locução verbal. Certo ou errado? Por quê?	Um período composto obrigatoriamente tem dois ou mais verbos (ou locução verbal). Certo ou errado? Por quê?	A oração que tiver um verbo de ligação deverá ter um predicado e uma palavra que apresente o estado do........
Todo predicado que tiver um **verbo de ligação + predicativo do sujeito**, deve ser classificado como..................	Quanto ao **verbo**, qual a diferença que há entre os predicados verbal e nominal?	Enquanto o **verbo de ligação** vem acompanhado de um nome – **predicativo do sujeito** – os verbos **significativos** podem ter um ...	Os **verbos significativos** são classificados em dois grupos: verbos .... e verbos ....
Se um verbo significativo **NÃO** PRECISA DE COMPLEMENTO, chama-se........	Se um verbo significativo PRECISA DE COMPLEMENTO, chama-se.........	Se um verbo significativo PRECISA DE COMPLEMENTO e **exige preposição**, será chamado de	Se um verbo significativo PRECISA DE COMPLEMENTO e **não exige preposição**, será chamado de ......
Quantas orações há no período: "Saiu às pressas, fez compras e voltou logo"? Por quê?	Classifique o verbo: "Mariana **saiu** rápido do ensaio".	Classifique o verbo: "Todos **conseguiram** a média em Português".	"**Meu pensamento**, ele já sabia..." Classifique sintaticamente as expressões destacadas.

"Eles **encontraram** o corpo da vítima." Classifique sintaticamente a expressão destacada.	"Eles encontraram **o corpo da vítima**." Classifique sintaticamente as expressões destacadas.	"Ninguém **sabia** do segredo do cofre." Classifique sintaticamente a expressão destacada.	"Ninguém sabia **do segredo do cofre**." Classifique sintaticamente as expressões destacadas.
"Meu velho e querido **amigo**, viram no *shopping*." Classifique sintaticamente a expressão destacada.	"**Meu velho e querido** amigo, viram no *shopping*." Classifique sintaticamente as expressões destacadas.	"Meu velho e querido amigo, **viram** no *shopping*." Classifique sintaticamente a expressão destacada.	"Todo o pessoal do aeroporto **saiu** em pânico." Classifique sintaticamente a expressão destacada.
"Todo o pessoal do aeroporto saiu **em pânico**." Classifique sintaticamente a expressão destacada.	"**Morreu** ontem à tarde o gato da vizinha." Classifique sintaticamente a expressão destacada.	"Morreu **ontem** à tarde, o gato da vizinha." Classifique sintaticamente a expressão destacada.	"Morreu ontem **à tarde** o gato da vizinha." Classifique sintaticamente a expressão destacada.
"Morreu ontem à tarde, **o gato da vizinha**." Classifique sintaticamente as expressões destacadas.	"**Fugiu** ontem à tarde o gato da vizinha." Classifique sintaticamente a expressão destacada.	"Fugiu ontem à tarde o gato **da vizinha**." Classifique sintaticamente a expressão destacada.	"**Encontrei** aquele velho livro que perdi." Classifique sintaticamente a expressão destacada.
"Encontrei **aquele velho** livro que perdi."	"Encontrei aquele velho **livro** que perdi."	"O Sol **nasce** radiante…"	"A prova **ficou** no meio do livro de Matemática…"

Classifique sintaticamente a expressão destacada.	Classifique sintaticamente a expressão destacada.	Classifique sintaticamente a expressão destacada.	Classifique sintaticamente a expressão destacada.
"A prova **ficou no meio do livro de Matemática**..."	"**Compramos** um carro zero muito barato."	"Compramos **um carro zero muito barato**."	"Compramos um **carro** zero muito barato."
Classifique sintaticamente as expressões destacadas.	Classifique sintaticamente a expressão destacada.	Classifique sintaticamente as expressões destacadas.	Classifique sintaticamente a expressão destacada.
"**Chamaram**-me para as comemorações."	"Chamaram-**me** para as comemorações."	"Chamaram-me **para as comemorações**."	"Chamaram-me para as **comemorações**."
Classifique sintaticamente a expressão destacada.	Classifique sintaticamente a expressão destacada.	Classifique sintaticamente as expressões destacadas.	Classifique sintaticamente a expressão destacada.
"**Dei** todo o lanche para a Karen."	"Dei **todo o lanche** para a Karen."	"Dei todo o lanche **para a Karen**."	"O carro não **subiu** a ladeira."
Classifique sintaticamente a expressão destacada.	Classifique sintaticamente as expressões destacadas.	Classifique sintaticamente as expressões destacadas.	Classifique sintaticamente a expressão destacada.
"O carro não subiu **a ladeira**."	"O carro não **subiu**."	"O carro não subiu **a ladeira**."	"Você **estuda** muito para as provas?"
Classifique sintaticamente a expressão destacada.	Classifique sintaticamente a expressão destacada.	Classifique sintaticamente a expressão destacada.	Classifique sintaticamente a expressão destacada.

"O jornal chegou **mais cedo hoje**." Classifique sintaticamente as expressões destacadas.	"O jornal **chegou** mais cedo hoje." Classifique sintaticamente a expressão destacada.	"Assisti a um bom filme ontem **à noite**." Classifique sintaticamente a expressão destacada.	"Assisti **a um bom filme** ontem à noite." Classifique sintaticamente as expressões destacadas.
"**Assisti** a um bom filme ontem à noite." Classifique sintaticamente a expressão destacada.	"Assisti a um bom **filme** ontem à noite." Classifique sintaticamente a expressão destacada.	"Assisti **a um bom** filme ontem à noite." Classifique sintaticamente as expressões destacadas.	"Ninguém viu **o ladrão mascarado**." Classifique sintaticamente as expressões destacadas.

26

Gincana do período composto

Público-alvo: A partir do 8º ano.

Objetivos:
• Praticar a análise sintática do período composto por coordenação.
• Treinar o reconhecimento das conjunções coordenadas num determinado contexto.
• Adquirir rapidez de raciocínio ao "analisar" orações.

Material:
• Tarefas propostas (Fig. 1).
• Um marcador de tempo (pode ser uma ampulheta).
• Revistas ou jornais velhos, tesoura, cola e sulfite (à vontade).

Como jogar:
1) Organize grupos de até quatro alunos.
2) Nomeie os quatro elementos como líderes sequenciais.
3) O papel do líder é responder e argumentar as afirmações que o grupo discutiu, e só ele, naquele momento, será o porta-voz.
4) A pontuação será de modo crescente; isto é, a cada rodada, as questões passam a valer o **dobro** da pontuação marcada na pergunta anterior.
5) **Se** o grupo acertar, irá acumulando os pontos; **se** errar, só perderá **um** ponto.
6) O grupo que não está respondendo poderá interferir, se discordar; porém, deverá fundamentar sua explicação, concorrendo à mesma pontuação que o primeiro está disputando. Cabe a este também perder um ponto, se errar.
7) Se mais de um líder quiser participar dessa disputa, haverá um sorteio.
8) Cada grupo receberá uma tarefa diferente daquela do outro.

9) **Ninguém** poderá auxiliar o grupo; porém, podem fazer pesquisas em livros e cadernos. (Fica a critério do professor.)

10) Haverá um tempo determinado para cada tarefa, que deverá ser cumprido à risca.

O grupo vencedor receberá **nota X** e, os demais, notas proporcionais.

(Fig. 1) Tarefas para a gincana do 9º ano

TAREFA 1
Recorte ou construa um período composto por coordenação, cujas orações sejam assindéticas.

TAREFA 1
Recorte um período composto por coordenação, cujas orações sejam respectivamente: O. Inicial + O. Sindética Aditiva.

TAREFA 1
Recorte um período composto por coordenação, cujas orações sejam respectivamente: O. Inicial + O. Sindética Alternativa.

TAREFA 1
Recorte um período composto por coordenação, cujas orações sejam respectivamente: O. Inicial + O. Sindética Adversativa.

TAREFA 1
Recorte um período composto por coordenação, cujas orações sejam respectivamente: O. Inicial + O. Sindética Explicativa.

TAREFA 1
Recorte um período composto por coordenação, cujas orações sejam respectivamente: O. Inicial + O. Sindética Conclusiva.

TAREFA 2
Recorte um período composto por coordenação, cujas orações sejam respectivamente: O. Inicial + O. Sindética Conclusiva. Além disso, as frases **devem** ter como tema central o AMOR.

TAREFA 2
Recorte um período composto por coordenação, cujas orações sejam assindéticas. Além disso, as frases **devem** ter como tema central o AMOR.

TAREFA 2
Recorte um período composto por coordenação, cujas orações sejam respectivamente: O. Inicial + O. Sindética Aditiva. Além disso, as frases **devem** ter como tema central o AMOR.

TAREFA 2
Recorte um período composto por coordenação, cujas orações sejam respectivamente: O. Inicial + O. Sindética Alternativa. Além disso, as frases **devem** ter como tema central o AMOR.

TAREFA 2
Recorte um período composto por coordenação, cujas orações sejam respectivamente: O. Inicial + O. Sindética Adversativa. Além disso, as frases **devem** ter como tema central o AMOR.

TAREFA 2
Recorte um período composto por coordenação, cujas orações sejam respectivamente: O. Inicial + O. Sindética Explicativa. Além disso, as frases **devem** ter como tema central o AMOR.

TAREFA 3
Recorte um período composto por subordinação, cujas orações sejam respectivamente: O. Principal + O. Subordinada Adverbial Consecutiva. Além disso, as frases **devem** ter como tema central a SEXUALIDADE.

TAREFA 3
Recorte um período composto por subordinação, cujas orações sejam respectivamente: O. Principal + O. Subordinada Adverbial Concessiva. Além disso, as frases **devem** ter como tema central, a SEXUALIDADE.

TAREFA 3
Recorte um período composto por subordinação, cujas orações sejam respectivamente: O. Principal + O. Subordinada Adverbial Conformativa. Além disso, as frases **devem** ter como tema central a SEXUALIDADE.

TAREFA 3
Recorte um período composto por subordinação, cujas orações sejam respectivamente: O. Principal + O. Subordinada Adverbial Comparativa. Além disso, as frases **devem** ter como tema central a SEXUALIDADE.

TAREFA 3
Recorte um período composto por subordinação, cujas orações sejam respectivamente: O. Principal + O. Subordinada Adverbial Condicional. Além disso, as frases **devem** ter como tema central a SEXUALIDADE.

TAREFA 3
Recorte um período composto por subordinação, cujas orações sejam respectivamente: O. Principal + O. Subordinada Adverbial Temporal. Além disso, as frases **devem** ter como tema central a SEXUALIDADE.

TAREFA 4
Recorte um período composto por subordinação e coordenação, cujo tema seja **namoro**.

TAREFA 4
Recorte um período composto por subordinação e coordenação, cujo tema seja **amizade**.

TAREFA 4
Recorte um período composto por subordinação e coordenação, cujo tema seja **natureza**.

TAREFA 4
Recorte um período composto por subordinação e coordenação, cujo tema seja **família**.

TAREFA 5
Recorte um período composto por subordinação, cujas orações sejam respectivamente: O. Principal + O. Subordinada Adverbial Causal. Além disso, as frases **devem** ter como tema central a SEXUALIDADE.

TAREFA 5
Recorte um período composto por subordinação, cujas orações sejam respectivamente: O. Principal + O. Subordinada Adverbial Proporcional. Além disso, as frases **devem** ter como tema central a SEXUALIDADE.

TAREFA 5
Recorte um período composto por subordinação, cujas orações sejam respectivamente: O. Principal + O. Subordinada Adverbial Final. Além disso, as frases **devem** ter como tema central a SEXUALIDADE.

27

Bingo dos pronomes

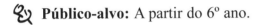

Público-alvo: A partir do 6º ano.

Objetivos:
- Trabalhar com os pronomes "contextualizados".
- Fixar a classificação dos pronomes.
- Observar a linguagem culta por meio do emprego adequado dos pronomes.

Material:
- Cartelas previamente feitas (Fig. 1).
- Fichas para que se possa "cantar" as palavras a serem marcadas.

Como jogar:
Seguir o Jogo de Bingo – conhecido de todos.

(Fig. 1)

Meu irmão saiu às pressas, sem avisar.	**Quem** comeu **minha** sobremesa?	**Você** já pensou em como vai organizar a festa?	Os cadernos de Susy são iguais aos **meus**.	**Todo** o colégio vai viajar na semana que vem.
Ninguém sabia que terça-feira seria feriado.	De modo **algum** vou passar as férias aqui em casa!	**Um** dos garotos passou pela prova folgado; o **outro**, nem começou...	Saia do **meu** lugar!	Quem comeu **minha** sobremesa?

107

(Fig. 2)

PRONOME INTERROGATIVO	PRONOME DE TRATAMENTO	PRONOME OBLÍQUO
PRONOME RETO	PRONOME DEMONSTRATIVO	PRONOME RELATIVO
PRONOME POSSESSIVO	PRONOME INDEFINIDO	

Produzir um texto é como esculpir.
É preparar um presente, uma surpresa:
é querer criar expectativa para si mesmo e
para outros que, porventura,
venham a apreciar o produto final.
Escrever é a grande arte de expressar o sentimento.

28

Charadas narrativas

 Público-alvo: A partir do 4º ano.

Objetivos:
• Trabalhar em grupo: aceitar a "cooperação", a discussão das ideias etc., para se chegar a um consenso.
• Motivar os alunos para se chegar à produção de texto.
• Trabalhar com o raciocínio lógico dos fatos.
• Associar ideias e situações compatíveis com o conhecimento de mundo.
• Observar incoerências externas ao contexto.

Material:
• Painel sugerido, cortado em partes (Fig. 1).
• Estrutura do painel (cabeçalho) como guia.

Como jogar:
1) Entregue um jogo para cada equipe.
2) Peça-lhes para montar os arranjos, de modo que as ideias tenham coerência.
3) Quando a primeira equipe terminar, encerrar a montagem e pedir para iniciar a leitura das frases.
4) Provavelmente haverá "discussões" a respeito das ideias diferenciadas. Aproveite a oportunidade para auxiliá-los a chegar a um consenso.
5) Vence a equipe que montar primeiro o painel, com coerência.

Painel:

CARACTE-RÍSTICA	PERSO-NAGEM	LOCAL	TEMPO	AÇÃO	CONSE-QUÊNCIA
Pesquisador	Luís	Nos vales	No intenso inverno	Rasteia e observa os animais	Evita morte e extinção.
Carteira	Susi	Nas ruas e avenidas	Sob o sol	Entrega correspondências	Está sempre saudável, em plena forma física.
Salva-vidas	Carlos	Em alto-mar	Toda manhã ou à tarde	Observa o horizonte	Há tempos, passou a admirar e respeitar os pescadores.
Estudante	Marli	No campo	Diariamente, ao entardecer	Cavalga	Curte bem seus momentos de lazer.
Atleta	João	Nas montanhas	Antes de o sol nascer	Escala	Tem habilidade para esportes radicais.
Asmática	Lúcia	Na piscina de casa	Toda manhã	Exercita-se e nada	Tem disposição, melhorou o condicionamento físico.

110

| Três anos de idade | Tito | Na escola | Na hora das refeições | Alimenta-se com vitaminas e proteínas | Está cada vez mais forte e imune às doenças. |
| Dentista | Josias | No consultório | Depois das 19 horas | Atende só aos adultos | Dá prioridade aos que trabalham. |

29

Brincando com a descrição

Público-alvo: A partir do 4º ano.

Objetivos:
• Observar o emprego de palavras ("adjetivos") numa descrição.
• Elaborar, com riqueza de detalhes, uma descrição solicitada.
• Observar que numa descrição não há ordem; pode-se inverter as informações, à vontade, embora possa-se alterar o sentido!
• Despertar a imaginação.

Material:
• Um comando diferente para cada "fileira" (Fig. 1).
• Uma palavra para cada aluno, inserida no contexto do comando dado (Fig. 2).

Como fazer:
1) Entregue um comando para cada fileira e, em seguida, para cada aluno.

2) Dê-lhes um tempo para pensar, e peça-lhes que respondam por escrito.

3) Solicite que o primeiro aluno da fila leia o enunciado e explique como que o fez. Em seguida, peça aos demais alunos dessa fila que leiam seus textos.

4) Peça, depois, que leiam desordenadamente, para verificar se houve "alterações" no sentido. Questione-os!

5) Repita isso com todas as fileiras da sala.

6) Reúna o grupo e peça-lhes que ilustrem ou façam uma maquete sobre o que fizeram.

1 (Fig. 1)

Como era a sala onde ocorreu o crime?

1 (Fig. 2)

TAPETE	SOFÁ	TETO	LAREIRA	PAREDE
PORTA	MEZANINO	ARMÁRIO	ARRANJOS	CLIMA

---

2 (Fig. 1)

"Aquele homem que chegou e bateu à porta ..."

2 (Fig. 2)

ROSTO	POSTURA	CABELO	GESTOS	ROUPA
LINGUAGEM	"IMPRESSÕES"	"INTENÇÕES"	TIQUES	HUMOR

---

3 (Fig. 1)

Chegando à festa, observamos:

3 (Fig. 2)

MENINAS	MENINOS	ADULTOS	ORGANIZAÇÃO	COMES E BEBES
CLIMA	MÚSICAS	PERFUME	ILUMINAÇÃO	"INTENÇÕES"

---

4 (Fig. 1)

Segundo a polícia, o acidente:

4 (Fig. 2)

CARROS	CRIANÇAS	ADULTOS	LOCAL	POLÍCIA
CLIMA	ESTRADA	CURIOSOS	SOCORRO	COMENTÁRIOS

---

5 (Fig. 1)

Quando Luisinha entrou em seu quarto:

5 (Fig. 2)

PESSOAS	CLIMA	PRESENTES	OS PAIS	ENFEITES
AMIGOS	MÚSICA	A MAIOR	SURPRESA	VOVÔ

---

6 (Fig. 1)

Quando a luz se apagou:

6 (Fig. 2)

CLIMA	CRIANÇAS	ADULTOS	COMENTÁRIOS	SONS
LOCAL	SENSAÇÕES	VONTADES	DESCONFIANÇAS	CRENÇAS

_____

etc.

30
Onde há causa... há consequência...

Público-alvo: A partir do 4º ano.

Objetivos:
• Observar a necessidade do emprego de determinadas palavras ("conjunções").
• Treinar as referências das ideias propostas.
• Despertar o raciocínio para completar uma ideia consecutiva ou causal.

Material:
• Um tema diferente para cada grupo (Fig. 1).
• Um exemplo para facilitar o trabalho.

Como fazer:
1) Divida a turma em quatro ou seis grupos e classifique-os por cores, em pares.
2) Elabore temas (dois ou três – depende do número de grupos) que permitam fazer um jogo entre "Causas e Consequências".
3) Distribua-os para os grupos.
4) A partir do exemplo dado, oriente-os para que:
   • quando o grupo oposto lhes propuser uma causa, criem a consequência e vice-versa. Exemplo:
Grupo A – "Não aceitei o convite do Edu"
Grupo A1 – "porque já havia combinado com o Carlos."

Variação:
• Os dois grupos recebem o início de um mesmo enunciado. Enquanto o grupo **A** elabora a causa, o **A1** elabora a consequência, sem saber.

117

Dessa maneira, a brincadeira fica, com certeza, "engraçada" e, talvez, motive mais.

Sugestões de temas:
1) Um acidente às... horas da manhã...
2) Festa surpresa à fantasia.
3) Encontro entre dois:
   - velhos amigos;
   - adolescentes;
   - "perturbados";
   - "frustrados";
   - bêbados;
   - "cornos" etc.

4) Chefe novo.
5) Troca de produto.

31

Acertando as incoerências

 Público-alvo: A partir do 4º ano.

Objetivos:
• Observar a necessidade do emprego de determinadas palavras ("conjunções; pronomes relativos etc.").
• Treinar a sensibilidade para perceber que determinadas palavras provocam incoerência.
• Despertar o raciocínio crítico em relação ao contexto.
• Motivar as discussões para se chegar a uma ideia coerente, com bom-senso.

Material:
• Dois cubos com períodos que possam se encaixar coerentemente (Fig. 1).
• Fichas com conjunções/pronomes relativos diversos (Fig. 2).

Como jogar:
1) Dividir a turma em quatro grupos.
2) Distribuir as conjunções, em número igual para cada grupo.
3) Jogar os dois dados simultaneamente, e pedir para os grupos "juntarem os períodos" usando uma das conjunções/pronomes relativos que possuem, de modo que fique claro e coerente[19].
4) Discutir as colocações, pedindo que o grupo comente a interpretação obtida com aquele arranjo.

---

[19] Havendo necessidade, podem-se fazer modificações de concordância (gênero, número), verbo (tempo, modo, pessoa).

(Fig. 1)

- Dois dados (mais ou menos 20 x 20cm).
- Períodos preparados antecipadamente, colados em suas faces.

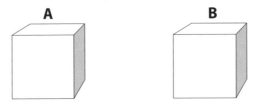

Sugestões de períodos para o A:
a) A freguesa mais fiel à loja sumiu.
b) Os ossos foram encontrados pelo Tito...
c) Nada substitui a verdade:...
d) Todos juram amor...
e) Pessoas como aquelas que visitamos ontem, papeiam...
f) Surpresos ficaram ao ver o chefe!

Sugestões de períodos para o B:
a) Não devem satisfações a ninguém.
b) Encontram-se presos a uma armadilha.
c) Foi embora para sempre.
d) A coisa "vai pegar".
e) A mentira não pode ser descoberta.
f) Namorava todos que via pela frente.

(Fig. 2)

QUE	DE QUE	CONTANTO QUE	PORQUE	DESDE QUE
QUANDO	ONDE	PARA QUE	A NÃO SER QUE	SE
EMBORA	A MENOS QUE	CONFORME	ASSIM QUE	LOGO
MAS	E	PORTANTO	OU	A QUE

32

Partindo das palavras

Público-alvo: A partir do 3º ano.

Objetivos:
• Motivar a turma para escrever um texto criativo.
• Preparar o texto oralmente, para depois ir para a elaboração das ideias-chave e, em seguida, o rascunho.

Material: nenhum.

Como trabalhar:
1) Pedir que cada aluno fale uma palavra e anotá-las aleatoriamente na lousa.
2) Feche os olhos e faça algum "rabisco" sobre as palavras (em forma de um grande coração, por exemplo) (Fig. 1).
3) Abra espaço para pensarem a respeito das palavras que foram *atingidas* pelo rabisco e peça-lhes para escreverem uma história (Fig. 2).
4) Apresentar os textos para a classe.

(Fig. 1)

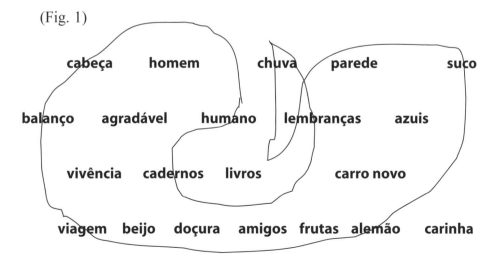

(Fig. 2)

**cabeça – chuva – suco – balanço – lembranças
humano – cadernos – viagem – alemão**

33

Cartas-surpresa

Público-alvo: A partir do 3º ano.

Objetivos:
• Motivar a turma para escrever um texto criativo a partir de uma imagem.
• Preparar o texto oralmente, para depois elaborar as ideias-chave e, em seguida, o rascunho.

Material:
• Prepare envelopes com cartas (como as de baralho) em cujas partes tenham o seguinte:
  - na frente, uma palavra;
  - atrás, uma imagem (Fig. 1).
• Um dado com palavras sugestivas em suas faces (Fig. 2).

Como trabalhar:
1) Pedir que um aluno do grupo sorteie uma carta e leve-a para o grupo.
2) Marque um tempo para que pensem sobre o que têm em mãos.
3) Jogue o dado e peça aos grupos que formulem um "pensamento", uma "frase reflexiva" a respeito do tema.
4) Após um novo período, peça para apresentarem o que fizeram e, aos grupos ouvintes, que questionem por que o fizeram daquela maneira.

(Fig. 1)

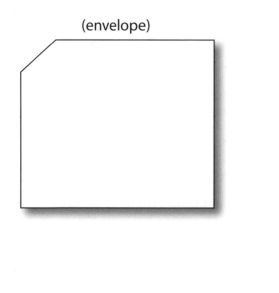

(envelope)

(verso do cartão)

(frente da carta)

ATREVIDA

(Fig. 2)

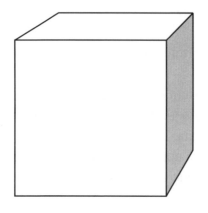

Faces do dado:

AMOR

ESPERANÇA

VIDA

FELICIDADE

RESPEITO

HUMILDADE

34

"Estique"

Público-alvo: a partir do 3º ano.

Objetivos:
- Motivar a turma para escrever um texto criativo, a partir de uma pergunta-estímulo.
- Preparar um texto, "no escuro", pois nenhum aluno saberá o que o outro escreveu.
- Preparar os elementos de um texto narrativo, de modo descontraído – ainda sem se preocupar com "acertos".

Material:
- Prepare um quadro para cada fileira, com questões que guiarão os alunos (Fig. 1).

Como trabalhar:
1) Entregue um quadro "dobrado em forma de plissê" para cada fileira, de modo que só o aluno que estiver com o papel saberá o que escreveu.
2) Oriente que, ao terminar de escrever, dobre o papel e passe-o para trás.
3) O aluno que pegar deve fazer sua parte, dobrar e continuar passando para trás. E assim sucessivamente.
4) Quando chegar no último aluno, este deverá ler o que escreveram.

(Fig. 1)

1º aluno   2º aluno   etc.
da fila   da fila

Quem?	Com quem?	O quê?	Quando?	Onde?	Por quê?	E daí?

35

Texto poético

 Público-alvo: A partir do 2º ano.

Objetivos:
• Motivar a turma para escrever um texto poético, a partir de um estímulo.
• Preparar o aluno para sensibilizar-se com a linguagem poética.
• Despertar o gosto e a curiosidade pelas melodias desses textos.
• Levar o aluno a se expressar poeticamente, com emoção e expectativa pela sua produção.

Material:
• Jornais para confeccionar chapéus.
• Texto "Marcha soldado" ou outro texto poético (musiquinha) para motivação (Fig. 1).
• Chapéus de "soldadinho" com palavras que tenham agradável sonoridade.

Como trabalhar:
1) Faça com a turma os chapeuzinhos de soldado.
2) Brinque com eles com a música "Marcha soldado".
3) Exponha a música num papel pardo (ou transparência).
4) Leia com eles, e comecem a marcar as *rimas*, as *palavras sonoras*, os *versos*; apresente-lhes as *estrofes* etc.
5) Faça um círculo e oriente-os para a seguinte dinâmica:
   • Quando for dado um sinal, um aluno tira o chapéu e lê seu verso, completando com uma palavra que está faltando. Por exemplo:

MARCHA SOLDADO, CABEÇA DE......................

Observações:
• Não há problema se nesse momento os versos ficarem "desordenados".
• Peça a todos que guardem bem o verso que "criaram".
• Depois que todos passarem por isso, continuar em círculo e ordenar a nova música.
• Pedir que leiam em sequência para conhecer o que fizeram – a nova composição.
• Se sentir que ficará mais agradável, ao apresentar, brincar que estão marchando.

36

Classificados

Público-alvo: A partir do 2º ano.

Objetivos:
• Motivar a turma para escrever classificados, a partir de um estímulo.
• Orientar para a produção desse tipo de texto, empregando a linguagem adequada.

Material:
• Classificados de jornais e/ou "classificados poéticos", de Roseane Murray.
• Texto motivador para se discutir antes da produção do texto.

Como trabalhar:
1ª etapa:
1) Entregar aos alunos uma cópia do texto (Fig. 1).
2) Trabalhar com esse material, seguindo os seguintes passos:
  • Ler em voz alta.
  • Questionar sobre o assunto abordado.
  • Os porquês expressos no poema.
  • As intenções reveladas pelo personagem, por meio de sua linguagem.
  • As coerências externas que o texto revela.
  • Como se pode descrever o personagem que se apresenta no texto.
  • Que propostas seriam viáveis para contentar o personagem etc.
3) Buscar sentido para as palavras no contexto.
4) Após explorar bem o poema, proponha que escrevam uma paráfrase[20].
5) Corrija o poema e peça para reescrever em sulfite.
6) Exponha os poemas; ou solicite que os apresentem; façam jogral etc.

---
[20] Explicação ou tradução de um texto por palavras diferentes das que nele foram empregadas.

2ª etapa:

1) Peça aos alunos que recortem classificados dos jornais, para serem analisados (podem-se usar algumas reflexões da 1ª etapa).

2) Em seguida, sugira que colem um modelo em seu caderno, e que produzam seus próprios classificados:
- Traga palavras prontas (Fig. 2) e distribua para os alunos, ou reúna-os em grupos.
- Corrija os trabalhos e faça novamente uma exposição dos textos. Isso é de extrema importância!

(Fig. 1)

CLASSIFICADOS POÉTICOS
Menino que mora num planeta
azul feito a cauda de um cometa
quer se corresponder com alguém
de outra galáxia.
Nesse planeta onde o menino mora
as coisas não vão tão bem assim:
o azul está ficando desbotado
e os homens brincam de guerra.
É só apertar um botão
que o planeta Terra vai pelos ares...
Então o menino procura com urgência
alguém de outra galáxia
para trocarem selos, figurinhas
e esperanças.
(*Classificados poéticos*. Belo Horizonte: Miguilim, 1984, p. 41.)

(Fig. 2)

Tênis, 34, "REBOQUE"	Prendedor de roupas enfeitado
Sabonetes fosforescentes	Lápis – vassourinha com correntinha
Pirulito que dura 24 horas	Caderno com luminária portátil

37

Personagem e ação

Público-alvo: A partir do 3º ano.

Objetivos:
- Trabalhar a linguagem descritiva, a fim de se chegar à narrativa.
- Levantar características de personagens para adequá-los às suas ações.
- Iniciar um texto a partir desses dois elementos.

Material:
- Um jogo de peças geométricas que formarão um hexágono: seis triângulos e seis trapezoides (Fig. 1).
- Proposta para os grupos (Fig. 2).
- Pincel atômico.

Como trabalhar:
1ª etapa:
1) Dividir a classe em seis grupos.
2) Entregar uma proposta aos alunos.
3) Orientá-los para o seguinte:
   - Leiam e discutam sobre o assunto.
   - Levantem o maior número de dados possíveis sobre o que vão escrever.
4) Entregue-lhes um triângulo e peça que "editem" o texto, para reescrevê-lo nessa peça.
5) Recolha os triângulos e troque-os entre os grupos. Oriente-os para que leiam, reflitam e, em seus rascunhos, escrevam sobre:
   - que ações esse personagem é capaz de fazer;
   - que reações é capaz de ter, diante de determinadas situações.
6) Entregue-lhes o trapezoide e solicite que "editem" esse novo texto para reescrever nessa figura geométrica.

2ª etapa:

1) É hora de procurar os pares; isto é, fazer as relações entre personagem e ação. – Cada grupo vai expor seu segundo texto.

2) Os autores do 1º texto (personagem) devem prestar atenção para identificarem se são os respectivos "criadores", e se o grupo que está apresentando retratou de modo coerente, ou de acordo com os propósitos de seus "autores", o que realmente são.

3) Discutir sobre esse "casamento" que os grupos fizeram.

4) Para finalizar, pode-se propor que os grupos aproveitem o texto e o ampliem, escrevendo um conto, ou outro tipo de texto.

(Fig. 1)

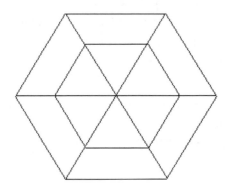

(Fig. 2)

Descrevam as características físicas e psicológicas de um garoto de dez anos, sem revelar sua idade.	Descrevam as características físicas e psicológicas de um velho de setenta anos, sem revelar sua idade.
Descrevam as características físicas e psicológicas de uma garota de quinze anos, sem revelar sua idade.	Descrevam as características físicas e psicológicas de um bebê de um ano, sem revelar sua idade.
Descrevam as características físicas e psicológicas de um palhaço.	Descrevam as características físicas e psicológicas de uma vidente.

38

Textos instrucionais

Público-alvo: A partir do 2º ano.

Objetivos:
• Trabalhar a linguagem denotativa em textos instrucionais.
• Desenvolver um texto claro e preciso, com um objetivo expresso, empregando adequadamente os modificadores temporais.
• Criar formas facilitadoras de seguir instruções, chegando-se à prática.

Material:
• Texto motivador (música ou poema) (Fig. 1).
• Sulfite.
• Tesoura.
• Papel dobradura.

Como trabalhar:

1) Inicie sua motivação com uma música ou poema, cujo tema tenha uma *palavra-chave* que possibilite a confecção de "tal coisa" em forma de dobradura.

2) Trabalhe com o texto, de modo que os alunos possam se sentir prontos para interpretá-lo por meio de "práticas", isto é, ilustrações, desenhos e *dobraduras*.

3) Proponha que desenvolvam junto com você a dobradura programada – e compatível com o texto.

4) Peça-lhes que prestem atenção nas instruções que você dará.

5) Terminado o trabalho, exponha-o.

6) A seguir, peça aos alunos que registrem a "receita" de como fazer uma outra dobradura.

7) Após isso, peça-lhes que troquem suas "receitas" com os colegas, para testarem.

8) Exponha os novos trabalhos.

39

Tecendo o texto

 Público-alvo: A partir do 3º ano.

 **Objetivos:**
• Desenvolver o espírito de sociabilidade.
• Unir ideias para se chegar a um consenso.
• Respeitar a ideia do próximo, bem como saber refutá-la, sem intrigas ou confusões.
• "Tecer" um texto coerente e criativo.

 Material:
• Revistas para recortar.
• Cartolina.
• Tesoura, cola.
• Proposta previamente elaborada para cada grupo:

Ex.: Criar um mosaico sobre o seguinte tema:
• Crianças de rua.
• Viver um grande amor.
• Perigo na cidade etc.

Como jogar:
1) Dividir a classe em grupos.
2) Distribuir-lhes revistas, cola, tesoura e a proposta.
3) Para cada grupo, entregar cartolinas cortadas em cinco formas geométricas diferentes (quadrados, triângulos, círculos, pentágonos e paralelogramos).
4) Solicitar que:
a) Discutam sobre o tema (apenas oralmente) para *planejar* seu trabalho.

b) Pesquisem e recortem fotos e/ou palavras que possam trabalhar com o assunto.

c) Cubram as figuras geométricas com palavras ou figuras que recortaram de seu material, não deixando de observar o tema proposto.

d) Juntem as peças geométricas já prontas, de modo que se *interliguem* formando um mosaico, cuja imagem-produto seja um todo coerente e compatível com o que lhes fora solicitado.

e) Colar na cartolina e pôr um título.

f) Expor e comentar como foi o processo empregado para se chegar ao produto final.

Observações:

1) Prestar atenção nas seguintes atitudes dos grupos:

a) Há dificuldade em "unir" as figuras de modo que estejam "ligadas" umas às outras? Por quê?

b) Pode-se perceber que essa "ligação" representa elementos coesivos de um texto? Como isso acontece?

c) Como ocorreram:
- A discussão;
- O planejamento;
- A elaboração;
- A revisão;
- A apreciação do produto final.

d) Levantar as reflexões da "observação" juntamente com a classe.

40

Desconstruindo uma narrativa

 Público-alvo: A partir do 4º ano.

 Objetivos:
- Observar a organização textual de narrativas.
- Trabalhar com os elementos constitutivos do texto.
- Valorizar a reflexão da leitura.

 Material:
- Um texto narrativo curto.
- Várias questões previamente elaboradas pelo professor (no mínimo, uma para cada aluno).

Algumas sugestões:

DESCREVA OS ELEMENTOS QUE NÃO PODEM FALTAR NESSE TEXTO.
O QUE ACONTECERÁ NA HISTÓRIA SE MUDARMOS O CENÁRIO; POR EXEMPLO...
O QUE ACONTECERIA SE RETIRÁSSEMOS DA NARRATIVA O PERSONAGEM...?
QUAIS AS CONSEQUÊNCIAS GERADAS POR CAUSA DE...
SERIA POSSÍVEL TROCAR AS CARACTERÍSTICAS DOS PERSONAGENS (POR EXEMPLO, FULANO POR SICRANO)?

Como jogar:

1) Distribua o texto escolhido para os alunos e peça para que leiam.

2) Organize a classe em dois grupos.

3) Entregue uma ficha-pergunta para cada aluno, e dê-lhes um tempo para elaborarem a resposta.

4) Sorteie qual grupo começará e inicie, pedindo a um dos alunos que leia sua pergunta e a responda.

5) O grupo oposto deverá ser instruído que deve estar atento para argumentar o que ouviu, e fazê-lo imediatamente à resposta.

6) Para responder/justificar tal questionamento, o grupo todo pode ajudar.

7) Quando acertarem, ganham ponto.

Observações:

1) O professor deve trabalhar **antes** a estrutura e os elementos dos textos narrativos.

2) Quanto ao jogo, toda vez que houver necessidade, o professor deve interceder para reforçar o questionamento, ou auxiliar na verificação das respostas.

3) Toda possibilidade de modificação é válida.

VOZES NAS Letras e Literatura

Inteligências Múltiplas

Jogos e brincadeiras para educar e desenvolver várias habilidades.

Esta coleção de fascículos, pela primeira vez trata com texto e experimento específico, cada uma das diversas inteligências humanas. Adquira já a coleção completa.

CULTURAL

Administração
Antropologia
Biografias
Comunicação
Dinâmicas e Jogos
Ecologia e Meio Ambiente
Educação e Pedagogia
Filosofia
História
Letras e Literatura
Obras de referência
Política
Psicologia
Saúde e Nutrição
Serviço Social e Trabalho
Sociologia

CATEQUÉTICO PASTORAL

Catequese
Geral
Crisma
Primeira Eucaristia

Pastoral
Geral
Sacramental
Familiar
Social
Ensino Religioso Escolar

TEOLÓGICO ESPIRITUAL

Biografias
Devocionários
Espiritualidade e Mística
Espiritualidade Mariana
Franciscanismo
Autoconhecimento
Liturgia
Obras de referência
Sagrada Escritura e Livros Apócrifos

Teologia
Bíblica
Histórica
Prática
Sistemática

REVISTAS

Concilium
Estudos Bíblicos
Grande Sinal
REB (Revista Eclesiástica Brasileira)
SEDOC (Serviço de Documentação)

VOZES NOBILIS

Uma linha editorial especial, com importantes autores, alto valor agregado e qualidade superior.

PRODUTOS SAZONAIS

Folhinha do Sagrado Coração de Jesus
Calendário de mesa do Sagrado Coração de Jesus
Agenda do Sagrado Coração de Jesus
Almanaque Santo Antônio
Agendinha
Diário Vozes
Meditações para o dia a dia
Encontro diário com Deus
Guia Litúrgico

VOZES DE BOLSO

Obras clássicas de Ciências Humanas em formato de bolso.

CADASTRE-SE
www.vozes.com.br

EDITORA VOZES LTDA.
Rua Frei Luís, 100 – Centro – Cep 25689-900 – Petrópolis, RJ
Tel.: (24) 2233-9000 – Fax: (24) 2231-4676 – E-mail: vendas@vozes.com.br

UNIDADES NO BRASIL: Belo Horizonte, MG – Brasília, DF – Campinas, SP – Cuiabá, MT
Curitiba, PR – Florianópolis, SC – Fortaleza, CE – Goiânia, GO – Juiz de Fora, MG
Manaus, AM – Petrópolis, RJ – Porto Alegre, RS – Recife, PE – Rio de Janeiro, RJ
Salvador, BA – São Paulo, SP